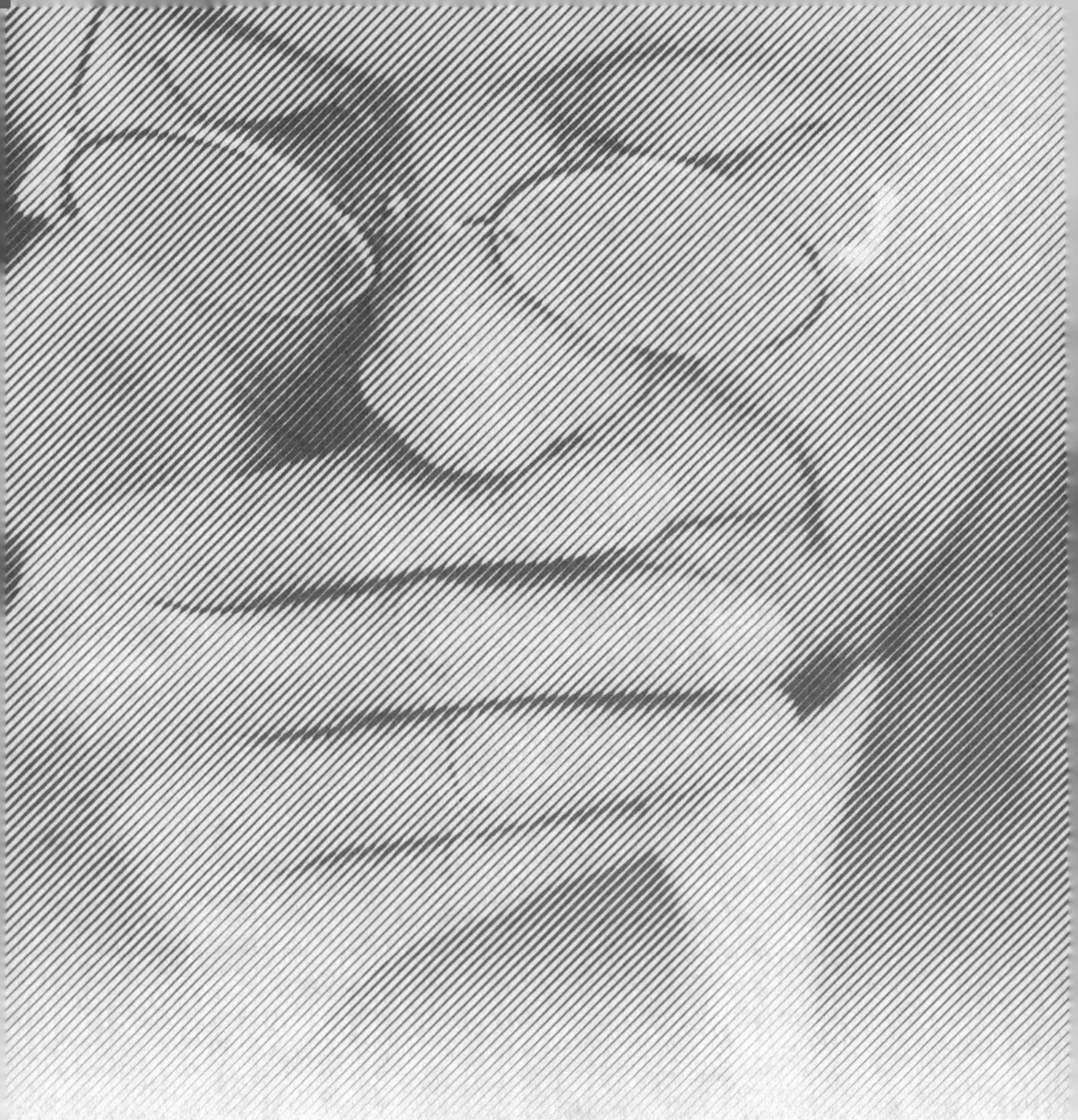

無所有

法頂

金順姫［訳］

東方出版

私たちは必要に迫られていろいろな物を持つようになるが、時には、その物のためにあれこれと心をわずらわすことになる。つまり、何かを持つということは、一方では何かに囚われるようになるということである。それゆえ、たくさん所有しているということは、それだけ多くのものに縛られているという側面も同時に持っているということになるのである。

目次

復元された仏国寺（ブルグッサ） 7
私の趣味は 11
読書に季節はない 15
秋は 19
無所有 23
早く来過ぎてしまったな 30
誤解 33
雪害木 37
アパートと図書館 40

人生の終末に照明を　44
土と平面空間　47
置き時計の逸話　51
東洋と西洋の観点　55
回心記　61
早朝割引　67
さすらいの旅で　71
その夏に読んだ本　77
忘れ得ぬ人　81
前もって書く遺書　93
人形と人間　100
錆は鉄を腐らせる　110
永遠なる山　114
沈黙の意味　118

純粋な矛盾　125
魂の母音―星の王子に送る手紙―　128
神の都ソウル　140
本来無一物　144
未だ私たちには　147
対面　150
生き残った者　153
美しさ―会ったこともない妹たちに―　157
真理は一つのはず―キリスト教と仏教―　164
騒音旅行　173
私の愛誦詩　180
仏教の平和観　183
森から学ぶ　190
台所訓　195

直立歩行　199
あまりにもひどすぎる　203
蚊の話　207
日日是好日　211
空っぽの庭　215
声なき声　219
小窓多明　223
知識の限界　228
暗黙の約束　232
法頂論―仏教的な知性と現代的な愛―　237
訳者あとがき　247

無所有

復元された仏国寺（ブルグッサ）

日中の暑さにもかかわらず初秋の兆しがしのびよってくる早朝、井戸端に出てみると、気の早い落ち葉が水にぬれて辺り一面に散らばっている。まとわりついてくる霧の重みに耐えられなくて散ったのだろうか。夜、林の中をかけぬける驟雨の音を夢うつつによく聞く。夏の日に注ぎきれなかった熱情を晴らしているのだろうか。雨に洗われた空があんなにも高くなった。もう夏の雲ではない。

突然また、あの持病が再発した。すべてをきれいさっぱりと振り払ってどこかへ出かけたい、何にもとらわれないで自由になりたい、こんな願望の翼がどうしようもなく広がっていった。そんな思いに背を押され一昨日行ってきたのが仏国寺。新しく復元されたという仏国寺である。

秋になると、思い出したように度々訪ねていく慶州（キョンジュ）、新羅（シルラ）、千年の夢がこめられた徐羅伐（ソラボル）。初めて訪ねていった時でもよそよそしい感じがしない、そんな土地が慶州である。どこに行っても懐かしく思える佇まい。今はもう柱石まで埋もれている皇龍寺（ファンヨンサ）、その痕跡を見ただけでも心が和み、そして案山（風水学上で重要視する四要所の一つ）である南山（ナムサン）と左右に連なっているその稜線だけを見てもゆったりした気持になり、そこはかとない郷愁のようなものを胸いっぱいに吸い込める土地、そんなところが慶州である。

どこでも過去、都であった土地に行くと感じられるように、慶州もどこかがらんと空いたような、何か十分に満たされなかった心残り、船が発ってしまった後の船着き場のようなそんな雰囲気に心ひかれるのである。

その中でも、仏国寺は哀切きわまりない新羅千年の残影を抱え込んだ伽藍である。欄干が落ちてしまった青雲橋、白雲橋の流れるような曲線、丹青の色は褪せていても荘重な趣きを持った紫霞門（ジャハムン）、飛ぶがごとく羽をひろげた泛影楼（ボムヨンル）、そして前庭からは釈迦塔と多宝塔の空間が紫霞門の左右に見上げられる。

これらのすべてが、私たちに千年の歳月をサッと一気に飛び越えさせてくれた。しかし、今はそんな記憶はもう完全に過去のものとなってしまった。

復元された仏国寺はそのような回顧調の感傷を許してはくれない。いっぱいに詰まってしまったので、寄りかかるだけの余白がなくなってしまったのである。何よりも四方八方にめぐらされた回廊が、過去に対する記憶を遮ってしまう。そして、けばけばしい丹青の色が一九七三年に生きているという現実をまざまざと意識させる。

仏国寺は、過去四年間にわたって多くの尽力と財力できれいに復元された。石一つ、垂木一つさえも秩序正しく整然と、すべてが科学的な考証により、ほとんど原形どおり復元されたということである。原形どおりに復元されたというからには、過ぎ去った千年余りの長い長い歳月の重みがかえって色あせて感じられてしまう。

復元事業に携わった政府機関の専門家たちの忍耐強い熱意と誠意に敬意を表さずにはいられない。それでいて私が物足りなく思うのは、つまり、いつまでも残念で物足りなく思われるのは、今まで見慣れ親しんできたあの仏国寺が消え去ってしまったことである。千年の歳月を経た伽藍の雰囲気が、どこかにその趣きを隠してしまったという事実である。復元された仏国寺には奥ゆかしい風鐸（軒下につるし風に揺れる度に音が出るようになっている風鈴のようなもの）の響きの代わりに、勇ましく力強いセマウル（新しい村作り）の行進曲が響き渡っているような気がした。

（一九七三年）

私の趣味は

趣味は人間の顔ほど多種多様である。趣味はどこまでも主観的な選択によるもので、そんな趣味に関して、だれもどうのこうのと批判できるものではない。他人が見ると、どうしてあの人はあんなことをするのかと思うのであるが、当人にとっては何物にも取り換えられないかけがえのない絶対性を持つものなのである。その絶対性が、時には盲目的である場合もある。そのため、度が過ぎて浪費的で頽廃的なものまで、趣味という名の下に大っぴらにまかり通っていることもある。

世間で大物たちが入れかわる度に紹介される趣味を見ると、一様に「ゴルフ」である。いつからこれらのお偉方がこんなに「ゴルフ」ばかりをお好みになられるようになる。

ったのかと思わずにはいられない。私のような現代に住む未開人は、その「ゴルフ」とやら申すものを見物さえしたことがないが、おもしろいことはおもしろいものらしい。アイゼンハワーのような人物も、「もし、このゴルフがなかったとしたらいったい私は何をして過ごしたか思いもつかない」と言っていたくらいだから。

スッキリと手入れされた広々とした芝生の上で、新鮮な空気を吸いながら親しい人たちと楽しんでいる様子は、想像しただけでも爽快な気分であると思われる。このようにたまったストレスを解消すれば、生活にはずみがついて、次の仕事を気持よく片付けていくことができよう。ゴルフをしない側からは、ゴルフは真っ昼間にしている間の抜けたイタズラのように見えるかもしれないが、そこで熱中しているプレイヤーたちにとっては、それこそ「ゴルフ」なのである。

このように楽しいことだらけの「ゴルフ」が私たちに抵抗感を覚えさせる理由はどこにあるのであろうか。言うまでもなく、「ゴルフ」は私たち誰もがいっしょに楽しむことの出来ない特定の階層だけの趣味であり、娯楽であるからである。そこで使われる道具はすべて高価な外国製である。つまり、外貨を払って買い入れたものである。そして

「ゴルフ」クラブに加入するためには普通のサラリーマンなら手も足も出ないほどの高額な代価を支払わなければならないとか。それに「ゴルフ」は芝生の上でだけ終わるものではないらしい。かつて世間を騒がせた政治と事業は執務室ではなく大体「ゴルフ」を通して成立するという噂も、あながち根拠のないものではないようだ。

すべてのことがそうであるように、趣味らしい趣味と言えば、まず、自分の分限をわきまえたものでなければならない。自分の立場では、とてもいっしょにつき合えないにもかかわらず、体面のために仕方なく加わるとか、せっかくの週末を家族と過ごしたいのに上司の目を意識して引きずられていくとしたら、広々とした芝生と澄んだ空気は彼らにはかえって重荷になっているに違いない。

「ゴルフは人間の罪を罰するためにスコットランドのカルビニストたちが創り出した伝染病だ」(R・ベイカー)といった言葉を思い出してみるべきではないだろうか。

今日、私たちの現実は個人の基本権であっても国力の総和のためには仮借なしに留保しなければならないのが実情である。特定の階層だけが楽しむ趣味は、社会的階層意識を募らせて、ついには国力の弱化を招来すると言うところに問題があるのである。このような現状はいわば維新の理念に符合するものではないはずである。ここで望まれる趣味とは自分だけが楽しむというのでなく、高潔な人格を育て、人生の意味を深化させ、いっしょに暮らしている隣人にも肯定的な影響を及ぼすことができるものでなければならない。

今、私の趣味は、果てしなく終わりの見えない忍耐である。

（一九七三年）

読書に季節はない

チュソク（秋夕、旧暦八月十五日に行われる祭礼で、新しくとりいれた穀物や果物を先祖にささげ感謝の意を表する）が過ぎてから、この頃の天気は、昼と言わず夜と言わず典型的な秋そのものである。こんなに澄みきって心地よい青空の下で、人間である私は何をすることができるのであろうか。ただ樹の下に佇んでいるだけでも、黄色く実っていく大地を眺めているだけでも、澄みきった樹液が血液の中をかけめぐる。

バラのトゲが手の甲に刺さり、一カ月間ずっと苦労し続けた。思い通りに動かしていた手が使えなくなってしまって不便でどうしようもなかった。すべての病気がそうであるように、時間がたつと治るものである。たまっていた衣類も、今は自分の手で洗濯できるようになったので、何よりも気が楽になった。今日のようにからっと晴れた日には井戸端で洗濯するに限る。私のように簡単明瞭に暮らす「独り者」には、こんなことは一挙両得になるのだから。

この快晴の天候の下で、私は何ができ、また、何をしたらいいのだろうか。壁に向かって座禅をするべきか、埃をかぶったかび臭い経典を繙《ひもと》くべきか。どうもこんなことは貧乏ったらしい。また、そんなことはこんなに青く澄みきった秋の空に礼を失することにもなるであろう。そのまま佇んでいるだけでも、体中に肉がついていくような感じがするのに、これ以上何を望むというのか。

秋と言えば読書の季節を連想するという友だちに会って、昨日は楽しく口げんかした。私の言い分は、秋は読書するのにはもっとも不適当な季節であるというもの。もちろん、暑くも寒くもない秋の夜長に本のページをめくるという意味を知らないわけではないが、何もこのように快適な時期を過ごす方法が、紙と活字からできた本にだけあるのではない。こんなにいい時候には、似たり寄ったりの情報と知識から少し解放されてはどうであろうか。こんな季節は外部からの声より、自分の内部から聞こえる声に耳を傾けるのが、ピッタリなのではなかろうか。

読書の季節が特別にあるべきだということからしておかしい。世間の人々が本との関わりを持たなくなったので、強調週間のようなものを別に設定しなければならなくなったのだろうか。

読書が趣味という学生、これは全くお話にならない。労働者や政治家や軍人の趣味が読書というのは分かるが、本を読んでそこから学ぶのが本業である学生が、その読書を趣味程度に考えているとは全く言語道断である。とは言うものの、単行本を出してもやっと一、二千部しか売れないのに、ある外国の百科事典は三万部を超えて売れたというわが国の読書風土ではあるが。

しかし、私もこの秋に何冊かの本を読むであろう。すらすら読める本ではなく、読みながら度々閉じてしまう、そんな本を選って読むであろう。いい本とは、もちろん何の妨げもなく読める本である。しかし、本当の意味での良書は、読みながらも度々閉じてしまう本でなければならない。一くぎり、一くぎりの文章が、私たちに多くのことを考えさせるからである。そんな文章を通して、自分自身を読むことができるからである。

このように良書というのは、鏡のようなものでなければならない。そのため、一冊の本がある時はパッと私の眼を開いてくれ、安易になろうとする私の日常を悟らせてくれる。

このような本は、知識とか文字で覆われているのではなく、宇宙の息吹きのようなものによって書かれているようである。そんな本を読む時、私たちはいい友だちに会うと楽しいように、時間を超えて完全に休むことができる。

（一九七三年）

秋は

秋は、実に不思議な季節である。

少し気持を落ち着けて歩いてきた道をふりかえってみる時、青空の下でじわじわ弱っていく木々を眺める時、「生きるって、何だろう」と、ふと、独り言をつぶやく時、私はいつになくいい人になろうとしている。木の葉のように私たちの心も薄い憂愁に閉ざされていく。秋はそんな季節のようだ。

そのせいか、家へと向かうバスの中の大衆歌謡の見え透いた歌詞一つにも素直に耳を傾けてしまう。今日の昼間、些細なことで職場の同僚の気分を害したことが気にかかる。今はどこで何をしているであろうか。遠く離れている人の安否が気遣われる。夜が更けて、灯の下で住所録をたどりながら友だちの眼差しを、その声を思い出してみる。秋はそんな季節のようだ。

昼間はどんなにデンと構えている堅い人であっても、日が暮れてからは、枯れ葉の舞い散る音に、コオロギのなく声に心動かされる弱々しい存在であることを改めて思い知らされるのである。この時代、この空気の中で、目に見えない縁の糸でつながれ、お互いに頼り頼られながら生きていく人間であることを悟るようになる。昼間は海の上に浮かんでいる島のように、それぞれ別々に離れていた私たちが、帰巣の時刻に同じ大地に根を下ろした肢体であることを、始めて悟るようになる。

上空から地上を見下ろした時、私たちの現実は過ぎ去った過去のように思われる。稲穂が実った田畑は美しいモザイク模様。生命の源につながる通路のような川の流れが、流麗なメロディーのように流れている。雲が裸にされた山並みを哀れんでいるようにあたたかくなでている。

村は村で、都市は都市で、それぞれ大きな道小さな道でつながっている。はるかに遠く太古の昔、私たちの先祖が、初めの一歩を踏んだその道を、子孫である私たちが大手をふって歩いていく。その道を通って見知らぬ地方の様子を知り、その道で隣村の青年男女が出会う。一抱えの花を持って親しい友を訪ねるのもその道である。道は、このように人と人とを結び付けてくれるかけがえのない存在である。

その道が、憎みいがみ合う争いの道であるとは思えない。人間同士、お互いを傷つけ憎み合う憎悪の道であるとは思えない。志が自分と同じでないといって、獣のように刑罰を与えるそんな道だとは、想像もできないことである。私たちは憎み合うために出会った敵ではなくお互いに助け合い愛し合おうとはるかな昔から訪ね合い、そして出会った隣人同士なのである。

生きるとはどういうことであろうか。

分かりそうで漠々としてつかみどころのない問いである。私たちが分かっているのは、生まれたものはいつか必ず死ぬという事実である。生者必滅、会者定離、そうなることとはっきり分かっていても、常に悲しく哀れに聞こえる言葉である。私の場合、死はいつどこであろうかと思えば、一瞬一瞬をむやみやたらにいい加減に生きたくはない。会う人すべてに暖かい眼差しを注ぎたい。一人一人の顔を覚えておきたい。次の世に生まれ、どこの路上で偶然に出会っても、「やあ○○君じゃないか」と、懐かしく手を握り合えるよう、今、この場で覚えておきたい。

この秋、私はまわりのすべての隣人を愛したい。ただ一人の人にも寂しい思いをさせてはならないと思われるのである。

秋は、実に不思議な季節である。

（一九七三年）

無所有

「私は貧しい托鉢僧です。私の持っているものといえば糸撚《ひね》り車と刑務所で使っていた食器とヤギの乳一缶、よれよれの毛布六枚、手ぬぐい、そしてとるに足りない評判だけです」

マハトマ・ガンジーが、一九三一年九月、ロンドンで開かれた第二次円卓会議に参加するために開催国に向かう途中、マルセイユの税関で官吏に所持品をひろげて見せながらいった言葉である。K・クリパラニが編集した『ガンジー語録』を読みながら、この語句に出くわした時、私はとても恥ずかしくなった。私の持っているものが、あまりにも多いと思われたからである。少なくとも、今の私の分際ではそうである。

事実、この世に生を受けた時、何も持ってこなかった。与えられた寿命を生ききって地上の籍から離れる時も、何も持たずに去っていくことであろう。それなのに、生きているうちにあれこれと「私のもの」が生じてきたのだ。もちろん日常使う必需品であるとも言える。しかし、絶対になければならないものだけであろうか。考えれば考えるほど、必ずしもなければならないというものは少ない。

私たちは必要に迫られていろいろな物を持つようになるが、時には、その物のためにあれこれと心をわずらわすことになる。つまり、何かを持つということは、一方では何かに囚われるということになる。必要に迫られて持ったものが、かえって、私たちを不自由に縛ってしまうことになれば、主客転倒であり、私たちは所有されてしまうことになるのである。それゆえ、たくさん所有しているということは、普通、自慢になっているが、それだけ多くのものに縛られているという側面も同時に持っているということになるのである。

昨年の夏まで、私は二つの蘭の鉢を真心をこめて、それこそ誠心誠意を持って育てていた。三年前に居場所を現在の茶来軒（タレホン）に移した時、ある僧が私の部屋に持ってきてくれたものである。たった一人で暮らしている居所であり、生き物と言えば、私とその蘭たちだけであった。その蘭たちのために、蘭に関する書物を求めては読み、その蘭たちの健康のために、ハイポネックスとか言う肥料を買い求めたりした。夏になれば、涼しい日陰を探して場所を移動させてやらなければならなかったし、冬には蘭のために室内温度を下げたりした（冬には寒さの厳しい韓国では暖房施設がよくできていて室内温度が高い）。

このような心遣いを早くから父母にしていたのなら、多分、大変な親孝行者だとほめられていたことであろう。とてもいとしみ大切に世話したおかげで、早春には上品な香りと共に黄緑の花を咲かせ、私の胸をときめかせたし、葉は三日月のようにしなって、いつも青々としていた。この茶来軒を訪ねてくる人たちは、みんな、生き生きとした蘭を見てとても楽しんでくれた。

昨年の夏、梅雨の明けたある日、奉先寺の耘虚老師にお目にかかるために出かけた。日中になると、梅雨空に隠れていた日差しがまぶしくふりそそぎ、目の前を流れている小川のせせらぎに合わせて、林の中では蟬が声をはり上げて鳴いていた。

しまった！　そこまで行ってから、いきなり思い出したのである。蘭の鉢を庭に出したまま来てしまったのだ。やっと戻ってきた輝く日差しだったのに、その日差しが急に恨めしくなってしまった。熱い太陽の下でしおれている蘭の葉が、目の前にチラチラして、居ても立ってもいられなくなってしまった。取るものもとりあえず、そのまま引き返したのである。案の定、蘭の葉はぐにゃりとしおれてしまっていた。不憫に思いながら、井戸水を汲んできて浸してやったりしているうちに、蘭の葉はやっと少し元気を取り戻した。しかし、どことなく生気が抜けてしまったようであった。

この時、私は体中で、そして心の底からつくづく理解したのである。執着とは苦しいことであることを。そうだ、私は蘭にあまりにも執着してしまっていたのだ。この執着から抜け出さなければと決心した。蘭を育て始めてからは、僧たちが出かける時にも出かけず、行脚の旅に出かけず、蘭に釘付けになっていた。用事があってちょっと出かけるときも、換気のため窓を少し開けておかなければならなかったし、鉢を出したまま出かけて、後で気づいて慌てて戻って中に入れて出かけ直したことも度々あった。それは本当に凄まじい執着であった。

数日後、蘭のように言葉数の少ない友人が遊びに立ち寄ってくれたとき、迷わずその友人に蘭を手渡した。やっと、私は取りつかれていたものから解き放たれたのである。空を飛ぶようなサッパリとした解放感。三年近く一緒に過ごしてきた情のこもったものを手放してしまったにもかかわらず、寂しく虚しい気持よりサッパリとした気持のほうが先立った。

その時から、私は一日に一つずつ自分をしばりつけている物を捨てていかなければならないと心に誓った。蘭を通して無所有の意味のようなものを体得したと言えようか。

人間の歴史はある意味では所有史のように思われる。人々はより多くのものを我が物にするべく絶え間なく闘い続けているように思える。所有欲には、限りもなく休みもない。ただひたすら一つでも多くの物を所有しようとする一念であがいているのである。物だけでは飽き足らず人間までも所有しようと試みる。相手が自分の思い通りにならないときは、ゾッとするような悲劇が起こると分かっていても、正気の沙汰でないにもかかわらず、その人を所有しようとするのである。

所有欲は利害と正比例する。それは個人だけでなく国家間の関係でも同じである。昨日の友邦国が今日は対立するようになると思えば、互いににらみ合っていた国々の間で、親善使節を交換する実例を我々はいくつも目にしている。それらは、ただ単に、所有に基盤をおく利害関係のためなのである。もし所有史から無所有史に人間の歴史がその方向を変えるとすると、どのようになるであろうか。多分、闘争はほとんどなくなるであろう。相手から奪おうとして闘うことはあっても、相手に与えようとして闘争になったという話は聞いたことがない。

ガンジーは、また、こんなことも言っている。

「私には所有することが犯罪のように思われる……」

この言葉の持つ意味は、彼が何かを所有するとすれば、同じものを持とうとする人たちが全く同じように所有できる時に限るということ。しかし、それは現実にはほとんど不可能なことであるから、自分の所有に対して犯罪であるかのように自責せざるを得ないということなのである。

我々の所有観念は、時には我々の目をくらませる。それで、自分の分際さえも振り返ってみる間もなく、浮き足立ってしまうことになるのである。しかし、我々はいつの日にかは、何も持たずに土に帰っていくのである。自分のこの肉体さえ捨てて、サッサと去っていくのである。どんなに多くの物を持っていても、すべてを自分の思いどおりにできるものではない。

たくさん捨てる人だけがたくさん得ることができるという言葉がある。物によって心を煩わしている人たちには、一度は考えてみるべき言葉である。何も持たない時、初めてこの世のすべてを持つようになるというのは、無所有のもう一つの意味である。

（一九七一年）

早く来過ぎてしまったな

数年前から、ソウルがめざましく発展しているという事実は、外国の親善使節の言葉を借りなくても、我々自身で実感することができる。地方とは違って、政治・経済・文化など、すべての力が集中して投入されているから特別市と呼ぶということだけでは言いたらず、ソウル共和国という話さえ出てくる始末である。たとえ乞食になっても、ソウルに住んでこそ人間らしく生きることができるという執念によって、ソウルは日増しに肥大していっているのである。だが、ソウルだからといって、あらゆる所が暮らしやすく便利であるというわけでもないようだ。どんどん発展していく中心地の近代化とは程遠く、旧態そのままの疎外地帯がいくらでもある。

川をはさんで渡し船が行き来すると言えば、白馬江（ベクマガン：忠清北道、扶余にある江）等を想像する人がほとんどであろうが、そこは扶余（プヨ）ではなく、大ソウルのトゥクソム渡し。川の向こうには数百世帯の市民たちが、納税をはじめとして市民としての義務を果たしながら暮らしている。

行政区域の上では、ソウル特別市城東（ソンドン）区〇〇洞には違いないが、そこには電気も電話も水道施設もない太古の聖域だ。交通手段と言えば、唯一、渡し船があるだけだ。

ところで、この渡し船というのが実におもしろい。その船というのはとても庶民的で、偏食をせず手当たりしだい何でも食べてしまう。上部には乗用車のみならず、牛が引いている荷車から糞尿を積んだトラック、下部すなわちそれらの車輪の下には紳士淑女にいたるまで乗せてしまう。それに、その渡し船は皆目時間にとらわれない。朝の六時から夜の十一時までの間が営業時間だったと思うが、その間、積載量がいっぱいにならないと動かない。どんなに急ぎの用があって頼み込んでも、時間不在の船はビクともしない。それどころか梅雨のシーズンや氷が張ろうものなら何日間も欠航する。

同じソウルでありながら川を境に、こんなにも文明の恩恵は等しくない。初めてその渡し船を利用しはじめた人たちは、悔しかったりじれったいことに度々出くわす。時間を予測できないので、あわてふためいて川岸に着くと、船は一足先に出てしまっているとか、あちら側の川岸につながったままビクともせず、動く様子が全くない。

そこで、少し前から考え方を変えることにした。少し遅れてしまった時はいつも、早く来過ぎてしまったなと、自らをなぐさめることにしている。次の船便に乗るはずだったのに、早く来過ぎてしまったと思えば心にゆとりができるのである。時間を取られた上に心のゆとりまで取られてしまうと、あまりにも損をしてしまうようだからである。

全く同じ条件の下でも、喜怒哀楽の感度が各自違うということを思うと、我々が経験する苦と楽は、客観的な対象よりも主観的な認識の如何にかかわっているようである。よりによって美しいバラにトゲが生えているかと思うと心が痛む。でも、何の使い物にもならないトゲからあんなに美しいバラの花が咲いたかと思うと、トゲはかえって有り難く思われる。

（一九六九年）

誤解

この世で対人関係ほど、複雑で微妙な関係が他にあるであろうか。一つ間違えると他人の噂話の種になり、時にはこちらの考えがとんでもない誤解を受けてしまう事がある。そうとは知りつつ、周囲の人たちに自分を理解してもらおうといつも私たちはせわしなく生きている。

理解とは本当に可能なことであろうか。愛するもの同士はお互いに相手を理解しているると何度も繰り返す。そして、そんな瞬間を永遠に生き続けたいと思う。しかし、その理解というものが真実なものであるならば不変でなければならないのに、度々誤解の渦に巻き込まれてしまう。「あなたを理解しています」という言葉は、どこまでも言論の自由に属する言葉である。他人が私を、また、私が他人をどうして完全に理解することができると言えるであろうか。ただ、理解したいだけなのである。だから、私たちは皆他人なのである。

人間は各自それぞれ自己中心的な固定観念を持って生きているものである。だから、ある事物に対する理解もよく考えてみるとその観念の伸縮作用にすぎない。一つの現象を観て、あれやこれやと意見が分かれるのをみても各自それぞれ自分なりの理解をしているのである。

「自分なりの理解」というのが、即ち、誤解の足場である。恋人たちは、自分だけが相手を隅から隅まで理解しようとする盲目的な熱気で誤解という霧の中でさまようようになる。

こうしてみると、愛するという事は理解ではなく想像という翼に同乗した絢爛とした誤解である。「私はあなたを死ぬほど愛しています」という言葉の正体は、「私はあなたを死ぬほど誤解しています」と言うことなのである。

いつかこんな事があった。仏教の宗団（宗派の団体）の機関誌に何かの文章を書いたところ、それを読んだある事務僧がこちらが赤面するほど私に称賛を浴びせた。その時、私は心の中で、次のようにつぶやいていた。

「君はぼくを誤解しているな。君がぼくをどうして分かるというのかね。もし、君の気に障るようなことが生じたら、今、称賛しているその口でぼくをけなすことになるだろうに。よしなさい。よせったら」

案の定、彼はその次の号に載った私の文章を読み、口角泡を飛ばしてありったけの表現で私を罵倒したのである。私は心の中で次のように言って笑うしかなかった。

「それみたことじゃないか。ぼくが言っただろう。それは誤解だと言ったじゃないか。それは全くの誤解だったんだから」

誰かが自分をほめてくれると言ってのぼせ上がる必要もないし、かといって、誰かが自分をけなしたからと言って腹を立てることもない。それはすべて一方だけ見て性急に判断した誤解であるからである。

誤解とは理解以前の状態ではなかろうか。問題は、私は今どのように生きているかによっているのである。実相は言外にあるものであり、真理は誰が何と言おうと揺れるものではない。完全な理解はそのある観念においてではなく、智恵の眼を通して可能なものなのである。それ以前はすべてが誤解であるだけなのである。

私はあなたを愛しています。

何と言うこと、それは全くの誤解なんだよ。

（一九七二年）

雪害木

年も暮れていこうとするある日、みすぼらしい庵に住んでいる老僧の前にモジャモジャ髪の学生が一人訪ねてきた。父親が書いてくれた手紙を懐から取り出しながら、その学生はただただ不安そうな面持ちであった。

手紙の内容は、「このでき損ないは、これ以上学校でも家でも手のつけようがないので、和尚様のご配慮でまともな人間にしてください」と言うことであった。もちろんこの老僧と父親は面識のある間柄である。

手紙を読んだ後、老僧は黙って裏庭に出て、彼のために遅くなった夕食を準備し、食事の後は、「手足を洗いなさい」と、洗面器いっぱいの暖かいお湯を差し出した。この時、モジャモジャ髪の目から涙があふれでた。

さっきから彼は当然訓戒されるであろうと、内心覚悟しながら待っていたのであった。しかし、老僧はそれらしき言葉は一言も話さなかった。ただあれこれと面倒だけ見てくれたことに、彼は大変感動してしまったのだ。彼は訓戒されることにウンザリしていたのであった。彼はどんなにたくさんの諭しの言葉よりも、暖かい優しい思いやりが恋しかったのである。

今はこの世を去ってしまったある老僧から聞いた話である。そして、老僧の姿は今も生き生きと心に残っている。

山で暮らしてみると誰でも分かることであるが、冬になると木々がたくさん折れてしまう。激しい風雨にビクともしなかった一抱えを越す木々が、ガッシリとたくましくかたくなに突っ立っていたそれらの松の木々が、雪が降り積もるとあえなく折れてしまう。枝の端々にふわふわと降り積もるその白い雪で折れてしまうのである。

夜が更けるとあの村里、この村里で木々の折れる音がこだましてひびいてくる時、私は眠りに就けなくなる。ガッシリと丈夫な木々が柔らかい物にくじけてしまう、その意

てしまう。味のせいなのであろうか。山はひと冬を越すと、病み上がりの顔のようにゲッソリとし

サバッテイの全市民を恐怖に追い込んだ殺人鬼アングリマーラを帰依させたのは、お釈迦様の不可思議な神通力ではなかった。威厳でも権威でもなかった。それはどこまでも慈悲の心であった。どんなに凶悪で救いようのない殺人鬼でも、何の差別もしない慈しみに満ちた愛の前では改心せざるを得なかったのである。

海辺の砂利をあんなに丸く美しく磨いたのは、鉄で造られた石切り鑿《ノミ》ではなく、優しくなでていった波なのである。

（一九六六年）

アパートと図書館

いっとき、我が国では「建った」と言えば教会だと巷で言われていた。しかし、そんな話も今は影が薄くなった。その「教会」の代わりにホテルとアパートが、次から次へと建てられている。

ホテルはこの頃押し寄せてくる外国の観光客によって、まさにうれしい悲鳴を上げているというから、外貨獲得に必死になっている政策の面からはたいへん歓迎されることであろう。その外貨の威力の前に、なりふりかまわず身も心もささげ、民族の体面やプライドをかえりみないという事さえなければ。

庶民の住宅難を解決するため、積極的に奨励されている建築様式がアパートであることは、いまさら言うまでもないことである。しかし、このアパートが本来の建築目的からはずれたまま豪華版に傾いているとは、一体どういうことなのであろうか。挙げ句の果て、一軒で二千万ウォンにもなるのがあるとは。それも「破格的な値段」というのだから、庶民はそれこそ破格的な衝撃を受けざるを得ない。

今も尚、ソウルを始めとする大都市の住宅不足率は四十パーセントの線を上回っている情けない実情だ。こんな事情を誰よりももっとよく知っているアパート建築関係者であるにもかかわらず、豪華版だけに関心を傾けているのだ。豪華版であればあるほど、入居者が押し寄せてくるからであろうか。豪華版アパートは、大家族が一つところに集まって睦まじく暮らすためのものではないことはもちろんである。虚栄心をあおり立て、一部の余裕資金の不動産投機の対象になっているとのことである。このため庶民たちは何の特典も受けられず、強い風当りを受ける。貧しい庶民たちのためにという名のもとに始められた事が、経済的に豊かな金持ちの専有するところとなっているのである。

それに、このアパートの威勢が場所をわきまえず、ところかまわずあちこちに頭をもたげていて、我々は抵抗を感じる。ソウル大学の本部の跡にアパートが建てられるという話を耳にした時、全く残念で複雑な心境であった。

その大学は私にとって母校でも子供の学校でもないが、由緒ある大学の跡が学問の殿堂として保存されず、そのようなアパートになってしまうのかと思ったからである。あまつさえ、大学の歴史の浅い我が国の立場から見ると、その場所は坪当たりいくらという単純な土地としてみるのでなく、その空間も雰囲気さえも大学の歴史と共に保存されるべきである。

最近、私は誠に心暖まる話を聞いた。それは涙がこぼれるほど殊勝で有り難いことであった。ソウル大学の本部キャンパスの跡に、国立図書館を建ててキャンパスを学問の殿堂として保存しようという運動が、その大学の同窓である主婦たちの間で起こっているという話。

十七億ウォンを投入し、ヨイド（国会議事堂の所在地、証券街と高級アパートが密集している）に建てる国立図書館をソウル大学の場所に建てれば、そのキャンパスはいつまでも学問の殿堂として保存されるであろうと言う意見は、すべての市民が共感するところである。そして、国民の税金で建てられる国立図書館であるならば、国民誰もが気軽に立ち寄れる場所でなければならないという面からも、そのキャンパスは最適地であると思う。ヨイドには国会図書館が建つ予定であるから、一カ所に図書館を二つも建てる必要はない。それに都心にアパートを建てることは、都市の人口分散政策にも逆行することになる。

ここで、市民たちは関係当局が賢明な配慮をすることを、一緒に期待しよう。アパートなのか図書館なのかは、民族の叡知を計ることのできる一つの尺度になることであろう。私たちが「その建物の前」を通りすぎる度に、賢明な配慮に微笑みを浮かべることができるよう、この時代の私たちだけでなく後代の子孫までがその微笑みの意味を受け継ぐことができるよう、一人の同胞の立場で心から望むのである。

（一九七三年）

人生の終末に照明を

人間の日常生活は一種の繰り返しである。昨日と言わず今日と言わず、大体似通ったことを繰り返しながら暮らしている。くだらない雑談と少しの好奇心とあいまいな態度で行動するのである。そこには自分に対する自己省察のようなものはほとんどなく、ただ与えられた状況の中で浮き沈みしながら生きていく凡俗な日常人があるだけである。

自分の意志によってではなく、惰性に身を任せたまま流されているのである。模倣と常識と因習の枠の中で、安易に無難に身を処していればいいのである。そのため本来持っている生き生きとした自分の特性は、だんだん色あせていってしまうのである。

このような単調な日々の生活はうんざりし、息のつまるどうしようもなくもどかしいことでもあるが、それでも何とかごまかしながら生きているのである。このような日常性から脱け出すために、人は時には放浪の旅に出かける。また、漢江（ハンガン）にかけられた橋の欄干のアーチのてっぺんに上がってニュースの種になったりもする。しかし、しばらくすると自分の影を引きずって元の生活に戻ってしまう。

自分の人生を一からやり直してみたいと思っている一風変わった人がいた。筆者は彼を連れて、急に忘憂里（マンウリ：ソウル近郊で共同墓地がある）を訪ねたことがある。意地悪な気持からそうしたのではなく、生に対して満足できないでいる彼の人生観を、死の側面から照らしてあげたかったのである。そこには足の踏み場もないほどビッシリと墓が並んでいた。

忘憂里！

その名のごとく果たしてこの界隈では、死者はすべての憂いや悩みを忘れて松風のそよぐ音を聞きながら、墓の中に横たわっているのであろうか。あちこちに冷たく突っ立っている碑石さえなければ、本当に平穏な場所に見えた。死んでいった彼らが、生きている我々に語りかけたい言葉は、何であろうか。もし、彼らを深い眠りから呼び起こしとしたら、彼らは取り戻した生を、どのように生きるであろうか。

死刑囚には、一分一秒が生命そのものとして実感されるという。彼には明日という日がないからだ。それで常に今日を生きているのだ。しかし、我々は今日を生きていながら、物事をよく次の日に見送って明日に生きようとする。生命の一部分である一日一日を、無駄に過ごしながらそのことを自覚していないのである。

バッハが好きな人々は、彼の音楽から荘厳な落日のようなものを感じるであろう。単調に思える繰り返しの中に深淵なひびきがあるためである。我々の日常が深く考えられることもない凡俗な繰り返しだけであるなら、平々凡々とした「耳障りにならない歌」程度に終わってしまうであろう。

日常生活に飽き飽きして生きることが嫌になっている人は、時には自分の人生の終点に照明をあて、死と向かい合ってみることも必要な事である。どこまでも日常生活の繰り返しの中で深く心と対話するために。


（一九七〇年）

土と平面空間

「妻がなくても暮らせるが、長靴なしでは暮らせない」というのは近代化から疎外された村落に暮らす人なら誰でも口にする、この頃よく聞かれることである。私の住んでいる所からトゥクソムに行く船着き場への道も、そんな部類に属する、いわゆる開発途上の道である。

この道も数年前には山裾の田んぼや畑の中にあり、もっぱら田舎道の情趣が染み込んでいた。ところが、某地区開発とかいう風の吹き回しで、山が削られ田畑が押し潰されたかと思うと、果てしない平原になってしまった。排水路を造っていないので雨が降ったり雪が溶けたりすると、それこそ手がつけられないくらい目茶苦茶になってしまう。

しかし、この道を通る善良な農民たちは、当局に不平一ついうことなく黙って往来している。いわゆる羊のようにおとなしい隣人だと言えるであろう。

凍っていたこの道の氷が溶け始めたので、長靴を履いても足がなかなか抜けず歩きにくい。しかし、こんな道にでも感謝をしながら歩くことにした。それはしばらく忘れていた土と平面空間を、私はこの道であらためて取り戻したからである。

数人で合宿をして一緒にしなければならない仕事があり、あるアパート団地に入居して一カ月余りを共に過ごした。一緒に仕事をする人たちが、お寺では寝起きが不便だと言ったからである。始めは生活環境が変わったことから来る少々の好奇心と、アパートという住居自体を体験できる機会だと思えて、何とか過ごすことができた。生活が便利なので、先ず、時間が節約できた。しかし、日が経つにつれて、仕事の能率も上がらない上に、何かが退化していくような気がし始めた。

八階でボタンだけ押せば、あっと言う間に地上に降りていく。つっかけを履いたまま二十歩ほど歩いていき、スーパーで必要なものを買ってくる。それも面倒なら電話をかけて配達してもらえる。もちろん、練炭をとり換えるのに気を使うこともない。こんなに便利に暮らしているのに、生活の中心が定まらないまま空回りしているようであった。どうしてそうなのか分からなかった。

そんなある日、その泥道を歩きながら、突然ある考えが閃いたのである。楽しく暮らすということは、決して便利に暮らすという事だけではないということを。先ず、私は歩く半径を失っていたのである。そして、遮断された視野の中で暮らしたのである。歩くという事は、単純に体の動作であるだけでなく、そこには活発な思考作用もついてくるものである。パッと開かれた視野は無限を感じさせる。

そこには垂直空間はあっても、平面空間がなかった。隣人たちとも完全に遮断されていた。上下するエレベーターでも、お互いに面識があっても何か白々しかった他人たち。そして何より大切なのにそばになかったのは土であった。そうだ、人間にとって永遠な郷愁のようなものであるその土がなかったために、私たちはいつも具体的に生きる実感を持てず何か抽象的に暮らしていたようである。まるで温室の中の植物のように。

土と平面空間、これに背を向けて人間はいかにして豊かに暮らしていくことができるであろうか。しかし、現代文明の恩恵に浴している人間たちは、ただただ便利さばかり追求しつづけている。その結果、平面空間と土を失っていく。不便さを克服していきながら暮らすところに健康があり、人生の妙味があるという常識からでさえ遠ざかっているのである。不便な思いをして暮らすことはできても、土と平面空間なしには、本当に、生きてはいけないと思う。

（一九七二年）

置き時計の逸話

初めて会った人と挨拶を交わす時、ぎこちなくよそよそしい雰囲気にもかかわらず、有り難さを感じる時がある。この地球上には三十六億人とも言われる多くの人が住んでいるというのに、今、その中の一人と会ったのである。何はともあれ、会ったというその因縁に感謝せざるを得ない。同じ空の下、同じ言語と風俗の中で暮らしながらも、お互いにすれ違って別れてしまうというのが人間の暮らしだから。

よしんば、私に害を与える人であったとしても、彼と私は何かの因縁があって会ったのではないのか。この世にいるその多くの人の中で、よりによって私と出会ったのである。仏教的な表現をすると、時節因縁があったという事である。

このような関係は、物と人との場合にも同じことが言える。多くの物の中の一つが私の元に来たのである。今、この文章を書いている机の上には、私の生活を動かしている国籍不明の時計が一つある。コイツを見ていると、物と人間との縁も奇遇な物であると思わずにはいられない。それで、コイツが単純な品物であると思えないのである。

昨年の秋、早朝に仏前に礼拝しているときに起こったことである。大雄殿での礼拝を終え板殿（板閣とも言う。経書の刻本を保管する楼閣）に立ち寄って部屋に戻ってくるまでには一時間ぐらいかかる。戻ってみると、部屋の戸が開いていた。どろぼうが入ったのである。普段、私は戸締まりをしないので、彼は無事通過したようである。調べてみると、日常生活に必要な物ばかり選って持っていった。私に入用なものが彼にも必要であったようだ。

しかし、盗られた物より盗られなかった物の方が多かった。私に盗られるものがあったという事、他人が見て欲しいと思うような品物があったという事実がとても恥ずかしかった。物というのは、本来、私が持っていたものではなく、何かの因縁によって私の元に来て、その因縁がすべて無くなると去っていくものであると思えば、惜しい物は何も無かった。もしかしたら、私が前世で他人の物を盗んだ事への因果応報なのかもしれないと思ったら、かえって借金を返したようでスッキリした気分であった。

ところで、どろぼうはここに金目のはるものでもあると思ったのか、手当たり次第に隈なく探したようである。盗まれた物に対しては少しも惜しいと思わなかったが、散らかしていった衣類を一つ一つ元の場所に戻していると、今更のように人間のする事がうら悲しくなってきた。

真っ先に不便なのは、何よりも机の上になければならない時計であった。どろぼうが立ち寄った数日後、私は時計を買うために出かけた。今度は誰も欲しがらないようなみすぼらしいものを買おうと決めて、清渓川（チョンゲチョン：ソウル市内の東南にあり器具や工具等の卸売店が立ち並んでいる。東大門市場と隣接している）にある某時計店に入っていった。ところが、何とまあ、まったく、おったまげてしまった。数日前盗まれた時計がそこに鎮座ましましているではないか。その上、何と若い男が店の主人と私の目の前で時計の値踏み中なのである。

その若い男は私を見つけると、サッと顔をそらしてしまった。狼狽した様子を隠すことができなかった。彼以上にうろたえたのは私であった。

結局、その男に代金千ウォンを支払って私の時計を私が買ったのである。私は彼の行為を云々できる立場ではない。よく考えてみると、似たりよったりの傷を背負って生きている人間の境遇なのではなかろうか。思いもよらず、また、出会った時計との因縁が先ず有り難かったのと、自ら自分の心を振り返ってみるだけのことである。

許すということは、他人に施す慈悲心というよりは、散り散りに崩れようとする自分自身を、自らが整えて収めていくことではないかと思うのである。

（一九七二年）

東洋と西洋の観点

　私自身が健康な時は考えもしないが、たまに病気になると肉体に対する悲哀を感じる。初めはたいしたことはないと思ってほっておき、少し経ってから思い切って薬局に薬を買いに行く。そうしながら、つい気が進まない病院の門をくぐる時、まさにその悲哀を感じるのである。診察券をもらって順番を待ちながら廊下に座っている、あのぐったりとした時間には私の肉体はすっかり滅入ってしまう。医者に診察を受ける時、私は聞き分けの良いおとなしい子供になってしまう。

　一昨年の冬のことであったと思う。眼が痛くてしばらく通院したことがあった。その頃、聖典刊行の仕事にずっと没頭していたので、右目が充血してけだるく、とてもうっとうしかった。目薬をさしても良くならなかった。グズグズとのばしていたが、ある日思い切って新聞で度々目にした眼科を訪ねていった。私のように何事をするにもぎごちなく不手際な者は、大体こんな調子で広告に誘われることになる。

その眼科は患者で大変混んでいて、診察を受ける時間より待っている時間の方が何倍も長かった。医者は大勢の患者が待っているせいか、競技場から出てきたばかりの運動選手のように、ハアハア息を弾ませながら私の眼を診察した。視力には異常がなかった。医者は投票所のように囲いのしてある隅の方を指さした。待機していた看護婦がキュッと注射の針をお尻に突き刺した。そして目薬を一瓶。大変簡単で迅速な診察であった。毎日来るように言われたが、私はその医者の招待を辞退した。毎日通う誠意も余暇もなかったが、何よりもその医者に信頼が置けなかったからである。

事のついでに、明くる日その病院の向かい側にある眼科を訪ねていった。雰囲気が落ち着いていた。もちろん、医者はハアハア息を弾ませることもなかった。病名は球結膜浮腫。社会一般の人が使う易しい言葉で言えば、白眼が少し腫れているという事である。視力には何の差し障りもないから、心配しないで眼をゆっくり休ませなさいと、医者が言った。しかし、出版予定日が迫っていて、眼を休ませる事ができなかった。しなければならないことが山ほどなのに、体がついていかないというもどかしさであった。

そんな調子で二週間が過ぎた。医者は心配するなと言ったが、当事者である私は病気が快方に向かう様子が見られないので、不安にならざるを得なかった。今度は立派な総合病院を訪ねていった。そこは診察券をもらう受付の窓口から混雑していた。廊下ごとに患者でいっぱいであった。この世の人たちが全部病気にかかっているように思われた。どうしょうもない私も患者なんだと思われた。

一時間近く眼科の前で待っていたが待ちきれなくて腰を上げようとした時、残念なことに私の名前が呼ばれた。診察の参考になるかと今までの経過をこまごまと説明したところ、担当の医者は首をかしげながら私には読めない字をカルテに書き込んだ。

看護婦は私を血液検査室に行かせた。その後、大便の検査をするように言った。一体どうしたことなのかと思ったが、聞き分けの良い患者であるため、命令通りに従った。そうしながらも、「なるほど、総合病院という所は本当に総合的に診察をする所なんだな。懐《ふところ》具合も総合的に公平に分散させる所なんだな」という思いが、頭の中をよぎった。

血液も便も検査の結果は、もちろん、正常であった。このように正常である私の体を、今度は、また、手術室に連れていくのであった。組織検査をしてみようということである。その方面に門外漢である私は、組織検査がどんなものであるか全然知らなかった。万が一、事前に分かっていたら、それだけは当然応じなかったであろう。

手術台に寝かせると、眼の周辺に麻酔注射を打った。球結膜を二カ所切り取り、縫い合わせたのであった。医者は誘拐犯でもないのに私の眼を徹底的にふさいだ。これも後で分かったことであるが、もしかしてガンではないかと思われる時、組織検査をするそうである。一週間後に結果が判明するという言葉を聞いて、片方の眼を眼帯で覆われた私は、全く重苦しく茫然とした心境であった。

帰り道、私はふと自分の体に申し訳なく、可哀想な思いがした。普段充分に食べさせてもやれず、休ませることもせず、あまりにも酷使したなと思うと、今更のように憐憫の情が起こった。その報いで体が苦しんでいるのだという事実を、痛感するようになったのである。検査の結果を待つその一週間は、不安の連続の日々だった。不必要な想像力が、勝手に広がっていった。えいくそ、ここまで何事もなく生きてきて今になって障害者になるというのか……。

この時、私はベートーベンの存在を知らなかったら、何者によっても慰めを受けることができなかったであろう。どんなに苦しい病苦だといっても、彼が経験したものに比べると何でもないように思われた。彼の苛酷な運命的な生涯が、眼病に苦しんでいたその年の冬の私を暖かく、そして明るく照らしてくれたのである。

検査結果は、血管が少し収縮しているという事、ただそれだけであった。よかったと安心しながらも、反面、不埒に思われた。お金をかけて病気をもらったことになるではないか。その間受け続けた精神的な被害は眼をつぶるとして、組織検査によって眼をもっと悪くしたことになる。医者自身やその家族にも、そのような処置をしただろうかと思われた。

しかし、考え直すことにした。その方が気が楽になるからだ。どうしてよりによって私はその日にその病院に行って、その医者の診察を受けるようになったのだろうか。それはすべて因縁という糸が絡んだ所以であろう。たとえ、その医者の慎重さのない臨床実験で私の肉体が被害を受けたとしても、それは私が作った因果に対する応報なのである。私が、もどかしくて自ら診察を受けに行ったからである。それに有機体であるこの肉体を持っていながら、いつも平穏であることを望むことがそもそも過分なことである。

その後、眼は漢方の医者が処方してくれた粉薬五袋を飲んで治った。組織検査の傷を残したまま。その漢方の医者の言うには、あまりにも過労していたため肝臓に熱がたまり上気したとのこと。上気すると球結膜が腫れることがあると言う。肝臓の熱だけ鎮めると自然によくなると言って処方してくれた薬を飲んだところ、たちまち治ったのである。

ところで、全員医学博士で、西洋医学を学んだというその医者たちは、病気の根源がどこにあるか知らないで表に現れた症状だけを治療しようとしたのである。

その時、わたしは眼疾を通して新しい目を開くことができた。社会現象をはじめとした事物の実相を側面から観ることのできるそんな目を。そして、漠然とした肉体の悲哀を代償にして、東洋と西洋の視力（観点）のようなものを私なりに知り得ることができた。

（一九七三年）

回心記

自分の心を思い通りにすることができるなら、私は何にもとらわれないのどかな仙人になるだろう。そうすることができないため、あらゆる矛盾と葛藤の中で浮き沈みしているのである。

私たちが腹を立てたり胸を痛めたりするのも、よく考えてみると外部からの刺激のためと言うよりは自分の気持を抑えることができないところに原因があると思われる。

三年前、起居している寺の境内の土地が、宗団の事務に携わっている何人かの僧たちの小細工によって売られてしまった時、私は憤りとくやしさで何日も眠りにつくことさえできなかった。宗団全体の総意を無視して、何人かで隠密に強行してしまった所業や、数千本の美しい松の樹が目の前で根こそぎにされていくのを見た時、本当に心が煮えくり返ってがまんすることができなかった。

私を取り囲んでいるすべてのものが、恨めしく呪わしかった。一緒に暮らしていた住職は、他の寺の住職になって去っていき、その住職の居候であった私はそれこそ惨めな存在になってしまった。こうなったからそんな様子を見ないように修行の場を他に移そうと心に決めた。

そう心に決めていたある日の早朝、仏前での礼拝を終えて戻って来ながら、突然、ある考えが思い浮かんだ。

本来無一物。

本来、何物もないというこの言葉が思い浮かんだ瞬間、胸につかえていたしこりがあっという間に溶けてしまった。

そうだ。もともと、何物もないのだ。この世に生まれてくる時、持ってくるものもないし、この世を去る時、持っていくものもない。因縁があって在ったものが、因縁が切れると無くなってしまうものだ。いつの日かこの体も捨てていくだろうに……。

このような考えに達したら、少し前まで考えていた事がすっかり変わってしまった。それに、私は住職でもなく居候の身である、どこへ移っていっても同じ事ではないか。衆生同士絡み合って生きている娑婆世界であるからには、どこもこのようなものであろう。そうだとすれば、すべては私の考えようである。いっそ不正の現場で私を育てよう。土に倒れた人は土に手を突いて起き上がるという昔からの諺もあったではないか。

この時から、売られてしまった土地に対しても愛着がなくなってしまった。その土地も考えてみれば元々寺の所有の物ではなかったはずだ。信者たちが寄進した物か、そうでなければその時まで所有者がいなかった土地を寺が所有したのであろう。そして因縁が切れて手放すことになったに違いない。それに境内の土地が売れたからといってその土地がどこかへ行ってしまうのではなく、ただ所有者が変わるだけのことである。

この日から心が安らかになり、普通に眠れるようになった。あれほどやかましかったブルドーザーと、岩を切り裂くコンプレッサーの音も気にならなくなってしまった。それは次のように考えたからである。

他人に対してよく施しなさいと言いながら、今まで私自身人々に何をどれくらい施してきたであろうか。今、あの音はお前の眠りを妨害するためでなく、家のない隣人に家を建ててあげるための場をならしている音なのである。その音も聞けないというのかね。

そして、その仕事場には、数百人もの労働者が夜通しで汗を流して働いている。彼らにはそれぞれ何人かの扶養家族がいることであろう。それらの家族の中には、入院患者もいることであろうし、授業料を払わなければならない学生もいるはずだ。暖房用の燃料も買い入れなければならないし、雪が降る前にキムジャン（越冬用のキムチを漬けること）も済ませなければならないはずだ。私が彼らに施してあげられないのに、生きんがために働いている人たちの出している音を聞くのも嫌だと言えるであろうか。

このように考えを変えてしまったら、あんなにやかましく頭の痛かった騒音が、何でもなく思えてきたのである。この時をさかいに、従来の私の思考と価値意識が大変違ってしまった。この世は私一人だけでなく、多くの隣人たちと一緒に調和して生きているという事実を具体的に心に刻みつけるようになった。

所有観念とか損害に対する概念も、自然に修正されるしかなかった。私の所有物というのは何もないから、もともと損害はあり得ないのである。また、私の受けた損害がこの世の誰かの利益になるのなら、それは失うことではないという論理であった。

寺にも時々どろぼうが入る。寺だからといってこの世の風俗圏から例外であるわけではない。周期的にうろつく馴染みの泥棒君がいて、いい加減な戸締まりに注意を喚起させてくれるわけである。毎日使う品物を全部盗まれた時は、「けしからん奴だ、惜しいことをした」という気になりかける。しかし、本来無一物という言葉がそんな思いを消し去る。一時預かっていた物を返しただけだという思いにいたるのである。

ひとつ間違えると、品物を無くして心まで無くしてしまうところであったのが、素手で来て素手で帰る（空手来空手去）の教訓が私の心を守ってくれたのである。

大衆歌謡の歌詞のように、自分の心とはいえ自分自身でも分からないという場合が無くもない。本当に私たちの心というのは、全く微妙なものなのである。寛大なときはこの世のすべてを受け入れることができるようでありながら、一度頑なになると、針一本刺す余裕もなくなるのだから。そんな一旦頑なになった心を入れ替えるということは、決して簡単なことではない。しかし、それが私の心であるなら、他でもない自分自身がうまく生かさなければならない。憤りのその火花の中から脱け出そうとすれば、外部との接触にも気を遣わなければならないが、それより自分を振り返り心を入れ替える日常的な訓練が先立たなければならないようだ。

それゆえ、感情に左右されないで、自分の心の主人になれと昔の人たちは言ったのだろう。

（一九七二年）

早朝割引

この前の日曜日、市内に用足しに出かけた時、映画館の前で長蛇の列を作って入場を待っている人たちを見かけ、みんな本当に一生懸命に生きているんだなと思った。しかし、真っ昼間、じりじりと照りつける日差しの中で黙々と立っている彼らの顔の近くに寄ってみた時、哀れな思いが生じた。遠くさすらいの旅に出ている者に見られるような、疲れと憂いに満ちた影のようなものが感じとれたからである。

せっかくの休みの日に、他の人たちは日常生活を脱出し緑の深い山や流れる水辺で余暇を過ごしているだろうに、目に見えない磁力にでも引っ張られるようにひたすらにいつもの公害地帯をうろついているそんな様子が少し哀れだった。市井の庶民たちが楽しめる娯楽というのが、せいぜい映画ぐらいということになっているようではあるが。

私も時々そんな娯楽の恵みを受ける時がある。しかし、白昼に長蛇の列に並ぶという熱情は持ち得なかった。実際、娯楽とはその時の気分に直結するもので、時と場所が問題になるものである。

少し前に、韓国の映画史上まれに見る秀作であるという映画批評にひかれて、真っ昼間乙支路（ウルチロ：ソウル市内の主要道路の一つで、映画館がたくさんある）にある映画館に行った。映画館から出てくる途中、薬局に立ち寄り頭痛薬を買って飲んだが、なかなか不快感が消えなかった。映画自体も話にならないほどつまらないものであったが（専門家たちはその映画に何とか賞を授与した）、その映画館がムッと臭いがする密閉された倉庫のようで、三十分も経たないうちに頭が痛くなり始めた。楽しみに行って、楽しむどころか苦しまされたのである。過ちは宣伝にだまされた私にあるのだが。

私はだから早朝割引の時間が好きである。そのわけは決して割引にあるのではなく、早朝であるというその雰囲気にある。まず、切符売り場の前に列をつくって並ぶ必要がないので手続きが簡単でよい。列を作って並んでいるとき、すでに楽しみが半減してしまっているであろう。

そしてどこにでも座りたいところに座れる特権がある。案内嬢のその心細いほど微かな懐中電灯の指示を受ける必要もなく、選べる席があちこちに準備されているのである。やっとの思いで座った席の前に壁のように立ちはだかっている座席の背が視野を隠した時、私の罪のない首は被害を受けることになる。しかし、早朝割引ではそんな被害を受けることはない。

何よりも、早朝の魅力はチラホラと座っているそのゆとりのある空間にあるようだ。演劇や映画とかを観るのは、単調な繰り返しの日常的な絆《ほだし》から逃れて、目新しい世界に自分自身を投入して楽しもうとすることである。それがびっしりつまった日常が映画館にまで延長されるとなると、どうして目新しい世界を造り上げる事ができるであろうか。そのような密集は出退勤時間の満員バスやひしめき合っている隣近所の軒先だけで充分である。ことさらせちがらい世間で、チラホラと座ることができるそんな空間は余裕があって良いのである。

そのように座っている後ろ姿を見ていると、何ともいえない親近感が溢れてくる。今朝集まったこれらの人たちは、どんな人たちであろうか。仕事が見つからなくて居候をしている人たちだろうか。それとも、善良すぎて仕事場から追い出された人たちだろうか。そうでなければ、通りすがりにちょっと立ち寄ったという人たちであろうか。理由はどうであれ、みんな善良な人たちであるような気がする。

誰かが間違って自分の足を踏んでも、そんなことぐらいで目をむいたり、ケンカをふっかけるような人ではないように思われる。低い声で話をしたら、たまっていた思いがスルスルと溶けていくようなそんな隣人のような気がする。

「二十五時」を観て出てきた昨年の夏の早朝、数人の顔に涙の跡を見つけた時、ふと「ヨハン　モリッツ」といって、彼らの手をむんずと摑みたい衝動を感じていた。

（一九七〇年）

さすらいの旅で

人の趣味は多種多様である。趣味とは感興をもよおす精神的余白であり、弾力的な心である。そのため、ある人の趣味は、その人の人間性を裏付けていると見ることができる。

旅が嫌いな人がいるだろうか。もちろん、個人の身体的な障害のためや特別な理由で外に出ることをはばかる人もいるだろうが、大体において旅というものは私たちの胸をときめかせるような魅力を充分に持っているようである。懐《ふところ》具合や、日常の生活のために気軽に旅立てないだけで、気楽でただただ胸がときめくだけの気ままな旅を誰が嫌だと言おうか。

ありふれた繰り返しの退屈な絆《ほだし》から脱け出すことは、何よりも楽しいことである。春の日に浮かれてさえずっている雲雀《ひばり》のように、自然に口笛が漏れてくる。

俗塵をさっぱりと振り払って気ままな旅に出ると、流行歌の歌詞ではないが、人生とは何であるかをボンヤリとでも感じることができる。自分の影を引きずり遥かな地平をトボトボと歩いている日々の自分を、これくらいの距離で眺めることができる。雲を愛したヘッセを、星を讃えたサン・テグジュペリをはじめて心から理解することができる。また、見知らぬ村をさすらっていると、脇腹のあたりからため息にも似た憂愁のようなものが過ぎ去っていく。

昨年の秋、私は一カ月近くそんな放浪の旅をした。僧侶の行脚は世間の人たちの旅と違っている。特別な用事があるわけでもなく、誰かがどこかで待っているわけでもない。足の向くまま気の向くまま行くのである。

雲のように漂い水のように流れていくということで、雲水行脚というのである。昔から、禅宗では三カ月間一カ所に安居（一定の場所での修行）した後の三カ月間は、行脚するようになっている。だから行脚は見物の意味で使われるのではなく、あちこち歩きまわりながら教化し精進する機会であるという意味を持っているのである。つまり、はかない世間の俗事を見ながら修行しろという意味なのである。

旅装を解いて一日の疲れを休める所は、言うまでもなく僧侶たちの住居である寺である。二、三カ所を除いてはすべて見知った寺院である。日が沈む頃、寺のある入り口で聴く晩鐘、そして足をひたして汗を押さえる冷たい谷川の水、客室に入り久し振りに会った旧知の僧と肝胆相照らしながら飲む茶の香りが、さすらいの旅をする者の疲れを癒してくれたりもする。

このように昨年の秋は、東に西にそして南にと足の向くまま漂う雲のように歩きまわりながら、入門以後の道程の跡を振り返ってみたのである。その時々に過ぎ去った日の記憶が、夕方、川から吹いてくる風のように染み込んできた。いくらかは楽しくまた恥ずかしく、過去の記憶が自分自身を映し出してくれた。

そのような思いの中で、一カ所だけはどうしても行けない所があった。否、本当はどうしても行きたい所なので行くのがこわかったのである。出家してまだ歳月が浅い時、求道の意味が何であるかを学び、また何の崩れもない澄み切った精神で禅の悦びを感じた道場であるため、いつまでも大切にしておきたかったのである。

智異山（チリサン）にある双渓寺（サンゲサ）の塔殿！

十六年前、ここで恩師暁峰（ヒョウボン）禅師に仕えながら、禅師と二人だけで安居していた。禅師から文字を通して習ったのは『初発心自警文』一巻だけであったが、この智異山の山奥の日常生活を通して受けた感化はほとんど絶対的なものだった。

その頃、私が受け持った役目は庫裡でご飯を炊き、おかずの準備をすることであった。そして精進の時間になると、真面目に座禅をした。食料が無くなると托鉢をしてきたし、必要なものが生じると四十里離れている求礼（クレ：全羅南道にある）に出て、市場で買い物をしてきた。

ある日、市場で買い物をして帰る途中一冊の小説を買ってきた。ホーソンの『緋文字』であったと思う。夜九時を過ぎて就寝時間に一人部屋に入り、石油ランプをつけて本を開いた。出家後、仏教の経典以外の本と全然接する機会がなかった時だったので、その本の中に吸い込まれるように没頭していった。しばらく何にも気づかないで読み続けている時、部屋の戸が開いた。禅師は私が読んでいた本をご覧になると、たちどころに「その本を燃やしてしまいなさい」とおっしゃった。そんなものを読むと、「出家」することができなくなるとおっしゃるのである。世俗を恋しがらないことを出家というから。

その場ですぐに庫裡に出ていき、その本を燃やしてしまった。最初の焚書《ふんしょ》であった。その時は罪深く少しもったいないという思いであったが、数日後になって本の限界のようなものを会得することができた。事実、本というものは、ただ単なる知識の媒介に過ぎないものでありそこで得るものは一介の分別である。その分別を無分別の知恵に成熟させようとすれば、自己凝視の濾過過程を通らなければならないのである。

それまで私は実家に置いてきた本のため、とても落ち着かない日々を過ごしていたが、この焚書を通してそのような煩悩もいっしょに燃えてしまった。特に、青二才の沙門にはあらゆる分別を助長するそんな本が精進の妨害になることはもちろんである。もし、その時、焚書の事件がなかったとしたら本に押しつぶされて暮らしていたかもしれない。

また、こんなこともあった。おかずの材料がなくなって麓の村まで降りていって、昼の供養（昼食）の時間がいつもより十分ほど遅れてしまった。禅師は厳しい語調で「今日は断食する。そんなに時間観念がなくてどうする」とおっしゃったのである。禅師と私はその頃朝食として粥を、昼食はご飯を食べて午後には何も食べずに過ごしていた。私の不注意で老師にひもじい思いをさせた呵責は、その時だけでなく、その後いつまでも私の心に強く残っている。

このように自分を形成してくれた道場に、とても立ち寄ることができなかったのである。見るまでもなく、観光地になっているか、国家検定試験の準備の人たちの宿泊地ぐらいに変わってしまっていることであろうと想像されるからである。

放浪の旅に出ると自分の魂の重さを感じるようになる。何をどのようにして過ごしているか、自分の内面を覗いてみることができるのである。それゆえ、旅は単純な趣味であるだけではないようである。自分自身を整理する厳粛な道程であり、人生の意味を新しくするそんなきっかけになるであろう。そしてこの世を去る練習にもなることであろう。

（一九七一年）

その夏に読んだ本

秋を読書の季節と決め込んでいるようであるが、実は、秋ほど読書に不適切な季節はないと思われる。天気があまりにも清々しいからである。そして、薄くなっていく樹木の影が私たちをしきりにさすらいの旅に誘い出すためである。真っ青な空の下で、本箱などをゴソゴソ探しているなんて、どう考えても陳腐なことである。それは秋という季節に対する礼を失することにもなる。

そして、読書の季節が別になければならないと言うこともおかしい話だ。どんな時でも、読めばその時が読書の季節ではないか。暑くて夏には屋外での仕事はできないから本でも読めばいい。軽く下着姿でござを出して敷き、竹枕（風通しのいいように竹で編んだ枕）でもあれば、申し分ない。そして、苦労して出掛けることなしに、波の揺れる海や、谷間に水の流れる山を傍らに招き入れる。

八、九年前だったか、海印寺（ヘインサ）の笑笑山房（ソソサンバン）で、『華厳経十廻向品』を読誦しながら、真夏の暑さを忘れたまま過ごしたことがあった。その年、耘虚（ウンホ）老師の『華厳経』の講義の中で、「十廻向品」の部分で菩薩（求道者）のこの上ない求道精神に感涙にむせんだ事があった。いつか時間を作って「十廻向品」だけを別に精読しようと心に決めていたら、その夏に、時節因縁、機会が到来したのである。

朝夕に蔵経閣（チャンギョンガク）に上がり、業障を懺悔する礼拝を捧げ、昼は山房で読誦をした。山房とはいうものの、部屋一つを間仕切って使うので、とても狭かった。垂木が見える窓と出入り用の戸一つしかない部屋、それで夏でなくても窮屈だった。窮屈だと言っても、あのジオゲネスの筒の中より広いと自ら納得させていた。また、有り難いことの一つは目の前に山が眺められることであった。それは三百号ほどの画幅であった。

『華厳経』は八十巻にも及ぶ膨大な経典である。「十廻向品」はその中の九巻である。夏の盛り、その狭い部屋で袈裟と僧衣を着て、挙止端正に座って香を炊きながら経典を開いた。先ず、「開経偈」を暗誦する。

果てしなく奥深いこの法門
百千万劫にも会いがたいのに
今、私が見聞きして読誦している
如来の真の意味をまさに悟ることができますように

経典は実叉難陀（六五二～七一〇）の漢訳の木版本で読んだ。最近はハングル大蔵経として翻訳本が出ているが、その時は翻訳本がなかった。ハングルの翻訳本があったとしても、表意文字から受ける余韻とか、木版本で読む悠然とした味は比較できるものではないであろう。ある時は声を上げて読み、ある時は一字一字拾いながら黙読した。

雨が降りそうな蒸し暑い日には、石垣の外の便所から疎ましい臭いが漂ってきた。そんなときには私の体の中にも自家用の便所があるではないか、人間の良心が腐る臭いよりはましではないかと思うと何でもなかった。すべてが心の持ちようからくるものであるから（一切唯心所造）。

夕方の供養（食事）の一時間ぐらい前に立ち上がると、袈裟や僧衣が汗でベッタリと体にくっつき、敷いていた座布団がびっしょり濡れていた。その時になって初めて暑いという分別が頭をもたげる。渓谷に出て、すっきりと僧衣を脱ぎ捨て、川の水につかる。たちどころに暑さが消え、心身が飛ぶように軽くなる。すべてに感謝したい気持がわき起こってくる。

このようにしてその年の夏、「十廻向品」を十回余り読誦したのであるが、読むほどに新しく切実に迫ってきた。誰かに強いられてしたことならそこまでできなかったであろう。自ら進んでしたことだったので、歓喜で満たされることができたのである。

読むという事は何であろうか。

他の声を通して、自分自身の根源的な音声を聞くことなのではなかろうか。

（一九七二年）

忘れ得ぬ人

水然（スヨン）和尚！　彼は情誼《じょうぎ》の厚い道伴であり、善知識であった。慈悲が何であるかを言葉にして語るのではなく、行いで示すそんな人であった。道ばたに何気なく咲いている名も知らない草花が、時には私たちを立ち止まらせるように、些細な事で私を感動させた人であった。

水然和尚！　彼は無口であった。いつも静かな微笑をたたえているだけで、何かを聞かれたときだけ口を開いた。そんな彼を十五年も経った今でも忘れることができない。いや、忘れられない面影なのである。

一九五九年の冬、私は智異山の双渓寺塔殿（「さすらいの旅で」の章を参照のこと）で一人安居するための準備をしていた。準備と言っても冬季三カ月の安居の間に食べる食料と薪、そして少しのキムジャン（越冬用のキムチ）であった。仕えていた恩師暁峰禅師がその年の冬にネパールで開かれる世界仏教徒大会に参席するため出発されたので、私一人で過ごさなくてはならなくなったのである。

陰暦の十月初旬、河東（ハドン：慶尚南道にある）にある岳陽（アクヤン）という農村に行って托鉢をした。約五日間托鉢した分で冬季を過ごすのに充分であった。托鉢を終えて帰ってみると、空っぽであるはずの庵に夕餉の煙が立ちのぼっていた。

背袋をおろし庫裡の方に行ってみた。見知らぬ僧が一人火をくべているのであった。遊行の僧はあちこちつぎのあたった僧衣で、色白で清々しい顔に微笑をたたえて合掌をした。その時、彼と私は縁が結ばれたのである。人間というものは、そのように瞬間的に縁を結ぶことができるものなのであろう。お互いに出家した沙門であるために、より一層そう感じられたのかもしれない。

智異山で冬を過ごしに来たという彼の言葉を聞いて私はうれしかった。一人で安居するというのは自由なようであるが、精進するのに障害が多い。特に、出家して年月が浅いその時の私には、一人で過ごしていると万が一にも怠けるようなことが起きる心配があったからである。

十月十五日冬の安居に入る結制日（安居に入る日）に、私たちはいくつかの仕事の役割分担について話し合った。彼はどんなことでも私の指示に従うと言った。しかし、精進することにおいては主客の違いがあるものではない。たった二人で過ごす生活とは言え、二人の心を一つにしてこそ円満に過ごすことができるものである。彼は自分の言い分を全く主張しなかった。何でも私の言う通りに従うというのである。

年は私よりも一歳若かったが、出家は彼の方が一年早かった。彼は学校教育を充分に受けていたようには見えなかったが、生来落ち着いた人柄のようであった。故郷がどこでどうして出家したのかを尋ねないのが僧侶の礼儀であることを知っている私たちは、お互いが過ごしてきた足跡を知ることはできなかった。また、知る必要もないのである。

ただ、その人の言動や言葉の抑揚から推し量って教養と出身地を推量するだけである。彼は私のように湖南（ホナム：全羅道地方）訛りがあった。そして、胃腸がよくないように見えた。

ご飯を炊く役の供養主を私がして、汁物とおかずをつくる菜供は彼がすることにした。汁物やおかずを作る彼の手並みは普通ではなかった。一旦彼の手を通るとどんなにつまらない物でも甘露味になった。本堂と廊下の清掃を私がして、彼は広間と庫裡を担当することにした。そして私たちは一日一食にして、座禅だけする事にした。

その時、私たちは初発心した青二才沙門たちであったので、厳しい戒律をそのまま受け入れ、周囲のことにとらわれずわき目もふらず精進だけに熱中しようとした。

その冬の安居を、私たちは無事に終えることができた。後で分かったことであるが、何の障害もなしに、ただ修行に没頭して安居を過ごすという事は決してたやすいことではない。

明くる年の一月十五日は安居が終わる解制日。安居が解かれたらすぐに行脚に出てあちこちの寺を訪ねようと、私たちはその解制節を目の前にして、ただただ期待に胸をふくらませていた。

ところが、その前日から私はグズグズと体の調子が悪くなり始めた。数日前に冷水で体を洗ったせいなのかなと思っていたら、熱が出て全く食欲が無くなってしまった。そしてしきりに悪寒がしてくるのであった。解制日になっても旅に出かけることができなかった。

山で病気になると、煩わしいことこの上ない。沙門は元気なときも一人でいるが、病気になると一人ぼっちであるという現実が切実に身にしみる。薬があるわけでもなく、近くに医療機関があるわけでもない。病気の状態のままで治るまで待つしかないのである。そして、その時私たちは完全に無所有の状態であった。夜になるとうわ言を言う私の枕元に彼はずっと座り続けていた。喉が渇いたと言えばお湯を沸かしてくれ、一睡もしないで額に冷たいタオルをあててくれていた。

そんなある日の朝、彼はちょっと麓の村に行ってくると言って出かけたまま、午後になっても帰ってこなかった。日がくれても現れる様子がなかった。作っておいてくれた粥を夕方まで食べた。私はとても気にかかった。

夜十時近くになって、庫裡で人の気配がした。いつのまにか眠ってしまったようであった。彼が部屋の戸を開けて入ってきた時、手には薬の入った器があった。ずいぶん遅くなってしまったと言いながら、薬を飲みなさいというのである。この時の事を私は忘れることができない。彼の献身的な真心に私は子供のように泣いてしまった。その時、彼は何も言わず私の手を強く握ってくれた。

庵からは、一番近い薬局といっても、四十里（韓国の距離の単位。一里は約三九三メートル）も遠く離れた求礼（クレ）邑にあった。その頃の交通手段は求礼で市が開かれる日に商人を運ぶトラックがあるだけで、その日は市の開かれる日でもなかった。彼は八十里にも及ぶその長い長い道を歩いて往って来たのである。

お互いに一銭も持っていない立場である事をよく知っていた。彼は、その遠く離れた求礼まで歩いていって托鉢をしてきたにちがいない。そのお金で薬を買ってきたのである。その夜気が遠くなるほどの距離を歩き続けてきて、私のために薬を煎じてくれたのである。

慈悲が何であるかを生まれて初めて、切実に全身全霊で感じることができた。そして道伴の情誼の厚さがどんなものであるか、初めて体験することができたのである。これほど懇《ねんご》ろで真心のこもった看病で治らない病気があるであろうか。足が少しふらつきはしたが、その次の日には私は起きて、動くことができるようになった。

当時、私たちが住んでいた庵から五里ほど奥に登っていったところに滝があり、そのそばに土の窟をつくり座禅している高徳の老僧がいた。その老僧は何かの用で窟の外に出かけるときは決まって私たちの所に立ち寄った。その度に、老僧が背負ってきた背袋は、老僧より先に窟に戻っていた。道伴が何もいわず先に背負っていってあげたからである。彼はこのようにどんなことでも、自分ができることなら黙って気軽にしてしまうのである。

しばらくの間私たちは会えないまま、それぞれの雲水の道を歩いていた。手紙のやり取りさえなかったので、お互いがどこにいるのかも知りようがなかった。雲水の間では便りの無いのが良い便りとして通じていた。一般の人たちは、どうしてそんなに無頓着でいられるかと思うかもしれないが、お互いの修行のために妨害にならないように気を配っているのである。

「情が深いと求道心がゆるぐ」という昔の禅師の話のように、執着は私たちを不自由にする。解脱とは苦から脱した自由自在の境地を言う。そして、私たちを不自由にする原因は他にあるのではなく執着にあるのである。物に対する執着よりも人情に対する執着が数倍執拗なものなのである。出家とはそういう執着の囲いから離れることを意味する。そうであるがため出家した沙門たちは、ある面から見ると非情だとも言える金属のような無表情な冷たさを持っている。

しかし、そのような冷気はどこまでも肯定の熱気に向かう否定の段階である。肯定の地平に立った菩薩の慈悲は、春の陽ざしのようにほの温かいものである。

私が海印寺に入り、堆雪（テソル）禅院で安居していた夏、風の便りで、彼が五台山（オデサン）の上院寺（サンウオンサ）で安居していることを知った。夏の生活が終われば訪ねていこうと心に決めていたところ、彼が先に訪ねてきた。智異山で別れてからまた会えた私たちは喜び合った。彼はあの静かな微笑を浮かべ私の手をしっかと握った。いっしょに過ごした時より彼の顔色が悪かった。「病気だったのか」と聞いたところ、「胃の調子が悪い」と言った。「薬を飲んだ方がいいのじゃないか」と言ったら、「大丈夫だよ」と答えた。彼が堆雪堂に来てからは沓脱ぎ石の上に以前と違った変化がみられた。十足余りにもなるコムシン（韓国固有のゴム靴、ほとんど白のゴムである）がいつもまっ白く拭かれてきちんと置かれているのである。もちろん、彼がひそかにしたことである。

老師たちが洗おうと僧衣などを脱いでおくと、いつの間にかきれいに洗われ、糊をしてアイロンまでかけてあるのである。このような彼を指して僧侶たちは「慈悲菩薩」と呼んだ。

彼は供養の食事もほんの少ししかとらなかった。言うまでもなく、今では私たちも一日に三度、僧侶たちと食事をしていた。ある日、私は事務所に申し出て、無理やりに彼を連れて大邱（テグ）に出かけていった。どうしても彼の胃の具合がただ事ではないと思ったのである。診察を受けて薬を飲まなければならないと思えたのである。

バスの中であった。彼は懐から携帯用のナイフを取り出したかと思うと、窓の枠から抜けかけているネジ釘を二つ締めたのである。何気なく見ていた私は、人知れず感動した。彼はこんな風に些細なことで私を揺り動かしたのである。彼は自分のもの他人のものという分け隔てをしないようであった。もしかすると全部自分のものだと考えていたのかもしれない。それゆえ、実際には何一つ所有していないのである。彼は本当にこの世の主人になれるほどの人であった。

その年の冬、私たちは海印寺でいっしょに過ごすことになった。彼の健康を心配した僧侶たちは、彼が気楽に過ごせるように他の部屋を使うように勧めた。しかし、彼はみんなと全く同じように広間で精進し、どんな作業でも抜けることがなかった。

そうしながら、修行生活の半分（安居期間の前半）が過ぎる頃、これ以上頑張れないほど彼は弱っていた。治療のためには山の中より町中が便利である。晋州（チンジュ・慶尚南道にある）にある布教堂に彼を連れていった。そこに滞在しながら治療を受けさせるためであった。三日が過ぎると彼は私に「安居中であるから早く戻るように」と言った。彼の病状がかなり回復したのを見て、親しい布教堂の住職と信者の一人に看病を頼んだ。彼が余りにも私のことを心配するので一週間目に寺に戻ってしまった。

残してきた彼のことが気にかかった。知らせてくる消息では回復の兆しが見られると言っているが。

その冬、伽耶山（カヤサン）には雪がたくさん降った。一週間交通が遮断されるほど雪がたくさん降り積もった。夜になると、あの谷間この谷間から木の倒れる音が騒々しかった。一抱えもある松の大木が雪に折られてしまったのである。あの強情で堂々とした松の木々たちが、ひとひらふたひらと降り積もった雪の重みに耐えかねて折れてしまうのである。

激しい風にもびくともしなかった木々が、柔らかいものの前に折れてしまう玄妙な道理を山ではまざまざと見ることができる。

折れた木を片付けていたとき、わたしは右の手首を捻挫してしまい、しばらく鍼をしたりして苦労した。ある日、私は小さな小包を受け取った。開けてみると湿布薬が入っていた。私の怪我をどうして知ったのか、彼が買って送ってくれたものであった。口数の少ない彼は、何の理由も書かないまま送ってきたのである。

悲しい彼の最後を私は思い出したくない。彼がこの世を去った後、明らかに彼が私の一分身であったとしみじみ分かったような気がした。いっしょに過ごした日々は一年にも満たないが、彼は多くの教えを私に残していった。如何なる禅師よりも、博識な講師（お経について教える師）よりも彼は私には真の道伴であり、聡い善知識であった。

求道の道で「知っている」ということは、「行う」ということに比べてどれほどつまらないものであるか。人間が他人に影響を与えるのは知識とか言葉によるものではないことを彼が悟らせてくれた。澄んだ眼差しと静かな微笑と暖かく差しのべられた手、そして無言の行いによって魂と魂が溶け合うという事を彼は身をもって見せてくれたのである。

水然！　その名のように、彼は自分のまわりをいつも清く澄ませていた。平常心が真理であることを行いで見せてくれた。彼が腹を立てるのを一度も見たことがない。彼は一言で言って慈悲の化身であった。

彼を思い出すたびに思う。長生きすることが重要ではない。どのように生きるかが重要なのである。

（一九七〇年）

前もって書く遺書

お迎えがくれば黙って死ねばよい。死ぬことにつべこべとくだらない理由をつける必要はない。自ら命を断って、寿命に先立って死ぬ人なら意見書（遺書）でも添付しなければならないが、寿命を全うして死んでいく人には、その弁明が必要とは思えない。その上、言葉というものはいつも誤解を伴いやすいから、遺書にも誤解を招く素地がある。

ところで、死はいつ私たちを訪ねてくるか分からないことである。あの多くの交通事故、練炭ガス中毒、そして恨みのこもった眼差しが因果応報でいつ私に襲いかかるかわかったもんじゃない。私たちが生きているということが死の側から見ると、死に近づいていることだと思うと、生きるということは即ち死ぬことであり、生と死は、決して絶縁されたものではない。死が、いつどこで私の名前を呼ぼうと、「はい」と答え、さっと気軽に立ち上がる準備だけはしておかなければならない。

だから私の遺書は、書き残していくものと言うよりは現在生きている「生の白書」であるべきである。その上、肉体としては一回だけしかない死を迎えても、実際には遺書のようなものを残す立場ではないから、編集者の特別な依頼で、軽い気持で書いてみることにした。

誰に語りかけようか。遺書は普通誰かに語ると言うが。

誰もいない。徹底して一人であったから。たとえ今まで帰依し仕えてきた仏様でさえ、とどのつまりは他人であるから。この世に出て来るときも一人で来たし、あの世に帰るときも一人で行くしかない。いつも自分の影だけを連れて大手を振って地平を歩いてきたし、これからもそのように歩いていくであろうから語りかけるほどの隣人がいるわけがない。

もちろん今日まで私は遠くや近くにいる隣人たちと、お互いに頼り合いかかわり合って暮らしてきた。また、これからもそのように生きていくことであろう。しかし、生命自体はどこまでも個別的なもので、人間は各自一人であるしかないのである。それは紫色の夕焼けのような感傷ではなく、人間の動かしがたい本質的な実存なのである。

苦悩に打ち克ち歓喜の世界へと志向したベートーベンの残した言葉を引用するわけではないが、私は人間が善意志を持っているというこの一点で人間の優越性を認めたい。すべての矛盾と葛藤と憎悪と殺戮でごちゃまぜになったこの暗い人間世界に今日も日が昇るのは、ただ人間の持つ善意志のためなのではなかろうか。

それゆえ、この世を去る前に私がすることは、まず、人間の善意志を忘れてしまったことに対する懺悔《ざんげ》である。隣人の善意志に対して自分が愚かなために犯した過ちを、私は懺悔しなければ目をつぶることができないような気がするのである。

時には、大きな過ちより小さな過ちの方が私たちを苦しめる時がある。過ちというものは多すぎるとその重みに押されて慚愧の念がぼやけてしまって、その過ちが小さい時がかえって記憶に残るのかもしれない。もしかしたら、それは大変な偽善かもしれない。しかし、私は一生を通してある一つの事によって取り返しのつかない後悔と自責の念にかられている。それは影のようについてまわりながら、しきりに私自身を恥ずかしく感じさせつらく鞭打っていた。

中学一年生の時、同じクラスの友だちといっしょに家に帰る途中のことであった。飴売りが飴の箱を下ろして一息入れていた。その飴売りは校門のそばで時々見かける顔見知りの人であったが、彼は片腕がない上に、話をする時どもる障害者であった。私たち五、六人はその飴売りを取り囲んで飴の棒を選ぶふりをしながら、かなりの飴をすばやくコッソリと抜き取り隠した。お金は数本分しか払わなかった。障害者である彼は、そんな成り行きに全然気づかなかった。

この事が、取り返しのつかないこの事が私を苦しめている。彼が、もし、図太く頑健な飴売りであったのなら、私はとっくの昔にそんなことはすっかり忘れてしまっていたであろう。ところが、彼が障害者であったという点で消し去ることの出来ないまま自責の念を生々しく持ち続けている。

私がこの世を生きながら犯した過ちは、数えられないくらい多い。その中には許しがたい過ちも多いだろう。でも、どうしたわけかあの時犯した過ちがずっと影のように重く私を追いかけているのである。

来世では二度と再びこのように悔やまれることを繰り返さぬよう、心の底から願い懺悔しないではいられない。私が今までこの世に受けた背信や謀略も、あの時の一人の飴売りの素朴な善意志をないがしろにした因果応報だと思えば充分に我慢できるのである。

「鋭利なカミソリの刃を踏んで行くのは難しいことである。賢者が言うには、救いを受ける道も、また、このように難しいものである」という『ウパニシャット』の言葉は充分に理解できるような気がする。

私は何も持っていないので死ぬ時には誰に何を残すかという煩わしい問題はないであろう。「本来無一物」は沙門の所有観念である。でも、もしいつも楽しんで読んでいる本が私の枕元に何冊か残っていたとしたら、朝夕、「新聞です」と私を訪ねてくれるあの少年にあげたい。

葬式や法事などといったものは全く要らないもの。この頃は僧侶が世間の人たち以上ににぎにぎしく盛大な葬式を行っているが、そのように煩わしく余計な儀式がもし私の名前で行われるとしたら、私を慰労するどころかとても腹立たしくさせることであろう。平素の食卓にならって簡単明瞭なものにしたいと思う。私に墓などが作られるとしたら、あの冷たい碑石の代わりに、ある夏の日の朝から突然好きになったけしの花か牡丹の花を植えて欲しいと頼むかも知れないが、墓もないだろうからそんな手数もかけないであろう。

生命の機能がなくなってしまった体は醜いし隣人に迷惑になるだろうから、さっさと処理してくれたら有り難い。それは私が脱いだ古い服なのだから、もちろん動かしやすい所であるとか、隣人に迷惑のかからない所ならどこでも荼毘（火葬）に伏してくれても差し支えない。舎利（遺骨）など残して隣人を煩わすことなどを、私は金輪際したくない。

肉体を捨てた後にふわふわと飛んでいきたい所がある。「星の王子さま」が住んでいる星の国。座っている椅子をほんのちょっと動かすだけで、見たいと思う度に、夕焼けの空が見られるというとても小さな星の国。一番大切なことは心で見なければならないという事を知っている王子は、今頃、バラの花と仲よく暮らしているだろうか。その国にはうるさい入国ビザのようなものも必要ないだろうから一度行ってみたい。
そして、来世でもまた朝鮮半島に生まれて来たい。誰が何と言っても母国語に対する愛着のため、私はこの国を捨てることができない。また、出家し、沙門になってこの世で出来なかったすべてのことをしたい。

（一九七一年）

人形と人間

1

私の考えの端緒はよくバスの中で生まれる。出退勤時間で混んでいるバスの中で、私は生の密度のようなものを実感する。禅室や木の下でする思索は物静かではあるが、ある固定観念に閉じこもり空虚だったり無気力だったりしやすい。しかし、走っているバスの中では生きて動いているという躍動感を持つことができる。

終点に向かって走り続けているバスは、その中で運ばれていく我々に人生の意味を少なからず持たせているのである。生きているという事が一種の燃焼であり、自己消耗だと言う表現に共感できる。そしていっしょに乗っていく人たちの善良な眼差しがある。

各自それぞれ何かの考えに耽けり何気なく窓の外を眺めている。それで少しさびしく見えるその眼差しが私を清らかに写しているのだ。その眼差しは連帯感を持たせる。この時代と社会で喜びと悲しみを共にしているというそんな連帯感を持たせてくれるのである。

私は、最近、どんなに急ぎの用事があってもタクシーに乗らないことにしている。乗れないのではなく乗りたくないのだ。懐《ふところ》具合も懐具合であるが、勝手気ままに思い上がっている物価のその鼻柱に、私なりに抵抗するためである。そして、何より重要な理由は、バスの中でのように隣人との連帯感を持つことができないという点である。お金をもっとたくさん払うと、楽に早く私を運搬してくれるが、その度に隣人との断絶をいつも感じるようになる。混んでいるバスの中で、時には足を踏まれることもあるし、チョゴリの紐（韓服の上着は紐で結ぶ）を引っ張られることもあるが、そんな場ではかえって生命の活気を感じることができ、大変さも辛抱できるものなのである。

そしてバスに乗ると、運転手と乗客間の関係を通して改めて共同運命体というものを推し量ることができる。彼がよそ見をしたり運転を危なくしたりすると、それによる被害は私たち全員にかかってくる事になるのである。そのため彼の運転の技術と苦労を認めながらも、間違いなくバスを運転しているか、決められた路線を守っているかにも無関心ではいられない。頭上でわめき立てる流行歌や面白くない漫談が私たちをとても疲れさせるが、運転手が好きでかけているので我慢するしかない。常に限りない忍耐は、統治されている私たち小市民に課せられているものだから。

2

人間を土から作ったという宗教的な神話には、いろいろと象徴的な意味があるはずだ。古代インド人も、私たち人間の身体的構成要素として土と水と火と風を挙げているが、金属やプラスチックを使わないで土で造ったと言うところに、それだけの意味があると思われる。

我々にとっては大地は永遠の母性である。土で食べ物を育て上げ、土の上に家を建てる。土の上を直立して歩行しながら、最後にはその土に横たわり腐ってしまうのが私たちの人生の生態である。土は我々の生命の源であるばかりでなく、いろいろなことを教えてくれる。種をまくと芽が出て葉と枝が伸び、そこに花が咲き実を結ぶ。生命の発芽現象を通して不可視的領域にも目が開かれる。

そのため土を身近にしていると、自然、土の恩恵を知り、純朴で謙虚になり、信じ忍耐することを覚える。土には偽りがなく無秩序も存在しない。

セメントや鉄筋、アスファルトには生命が芽生えることがない。雨の降る自然の音さえ都市は拒否する。しかし、土は雨を、その音を受け入れる。地面に降る雨音を聞いていると、我々の心はふるさとに帰ってきたように清らかに優しくなり、心和らぐ。それだけではない。靴と靴下を脱ぎ捨てて、田畑を作るために掘り起こしていた土を裸足で感じてみよう。そして土の匂いをかいでみよう。それは躍動する生命の喜びとなるであろう。

それなのに、豊かに暮らしたいという口実の下、産業化と都市化に突っ走っている今日の文明はしきりに土を遠ざけているところに矛盾があるのである。生命の源泉である大地を遠ざけておきながら、穀物を作っている農民を踏みつけながら、どうして豊かに暮らすことができるであろうか。生きるという事は抽象的な観念ではなく、具体的な現象である。従って、どこに根を下ろしているかによって、生命の様相はいろいろと違ってくるはずなのだ。

この頃の食糧難はただならぬ事のようである。それが世界的な現象であり、その見通しは決して明るくないと言われている。食糧難の原因が増加する人口だけにあると見做《みな》してしまうことはできない。

土を汚染させ遠ざけた報いであるに違いない。土で造られた人間に、人間の実像が何であるかの警告ではなかろうか。ある意味では幸せなことなのかもしれない。物に目のくらんだ人類に、土をないがしろにしてしまった我々に、土の恩恵を更に改めて認識させる契機になるとしたら。

3

現代人は昔の人に比べて知っていることが本当に多い。自分の専攻分野でなくても新聞や雑誌、放送などのマスコミを通して多くのことを知るようになる。それで、全く賢くて利口である。利害と打算に敏感で、表と裏が同じでない。すべてのことに如才ないだけでなく性急で我慢強くない現代人に、根気や底力、または信義のようなものはてんで期待することができない。流れに洗われた砂利のようにすれるだけすれてツルツルしている。

ある禅師が空き地を耕して田にした話を考えてみると、愚かさと知恵深さは決して無縁のものではないという事がわかる。慧月禅師は寺の近くに田を作った。使いものにならないので見捨てられている土地を見て、田にすればいいと考えた。ちょうどその時、凶年になり山門の近くに住んでいる人たちの生活が苦しくなったのを見て、彼らを呼んで仕事をさせた。

一月《ひとつき》が経ち二月《ふたつき》が経ってもその土地はなかなか田にならなかった。その様子を見た人たちはみんな、彼らに払う労賃で田をもっとたくさん買うことができると引き留めたが、禅師は最後まで聞き入れなかった。ついに近所の人たちは彼を頭のおかしい老人だとあざ笑うようになった。

禅師は聞こえないふりをして、夜が明けると仕事場に出かけて労働者といっしょになって仕事をした。このようにして数百坪の田が出来上がった。ところが、そこに費やした労賃は出来上がった田の時価より何倍も高かった。しかし、禅師は空き地に田が新しくできたことを喜んだ。

彼は、世俗的な目から見ると確かに算術を知らない愚かな人であった。だが、その愚かさのおかげで凶年に多くの人が飢えを免れたのである。そのような曰く因縁のある田であるがゆえに、寺ではその田を何の変哲もない田畑としてではなく、今日まで寺風の象徴のように思い、大切に取り扱っているのである。

至るところずる賢く擦りきれたこの世間であるがゆえ、このように愚かに見え、馬鹿らしく思える所業が私たちを心暖かくしてくれるのである。大愚が大智に通じると言う言葉は決してそら言ではないのである。

4

宗派の如何を問わず、今日宗教が本来の機能を完全に果たしていない要因は、一言で言いがたいほど複雑である。

今までの聖人たちの教えは、おしなべて簡単明瞭であった。聞くと誰でもが分かる内容であった。ところが、学者（この中にはもちろん神学者も含まれている）という人たちが飛び出し、不必要な接続詞と修飾語で言葉を枝分けし、明瞭な真理を難しくしてしまった。どのように生きていかなければならないかに対する自分自身の問題は伏せておいたまま、すでに口にしてしまった言葉の残りかすで根掘り葉掘りかき回しながら、あれこれ問い詰めようとする。生き生きとしていた言行は、このようにして知識の囲いの中に閉じ込められてしまうのである。

このような学問や知識を私は信用したくない。現代人たちには自分の行動というものがなく、ただ他人の真似だけをしながら生きていこうとするところに盲点があるのである。思索の伴わない知識を、行動が伴わない知識人はどこに使おうと言うのか。いくら底があらわになったこの世であるとは言え、真理を愛し実現しなければならない知識人たちまで真理に反した説を唱え、世間の人気や時勢におもねたり（曲学阿世）、卑怯な沈黙で身を処そうとしているのは、知恵深いことではなく真理に対する背信である。

どれほどたくさん知っているかという事は、たいしたことではない。知っていることをどれほど生かしているかが、重要な事なのである。人間の仮面をかぶった人形はたくさんいても、人間らしい人間が少ない現実の前で知識人がすることは何であろうか。まず、無気力で軟弱なだけのその人形の家から出てこなければどのような使命も果たすことができないであろう。

無学という言葉がある。全然学んだことがないとか、学ばなかったという意味ではない。学問に対する無用論でもない。多くを学んでいながら学んだ跡が見られないことを指しているのである。学問や知識を鼻にかけないで、知識過剰から来る観念性を警戒する意味から出てきた言葉である。知識とか情報に縛られない自由で溌剌《はつらつ》とした生が大切だという事である。いろいろな知識から抽出された真理に対する信念が日常化されなくては、知識本来の機能をすべて働かせることができない。知識が人格と断絶される時、その知識人はえせ知識人であり、偽善者になってしまうのである。

責任をとることを知っているのは人間だけである。この時代の実像から目を逸らそうとする無関心は卑怯な回避であり、一種の犯罪である。愛するということは、すべてを共に分け合って背負うということ。我々には隣人の喜びと痛みを分けて背負う責任がある。我々は人形ではなく、生きている人間なのである。我々は引っ張られていく獣ではなく、信念を持って堂々と生きていかなければならない人間なのである。

（一九七四年）

錆は鉄を腐らせる

「十尋の水底は見えても、一尋の人の胸の中は分からない」（尋は水深などの単位で約一・八メートル）という諺がある。人の心ほど不可思議なものがまたとあろうか。寛大な時はこの世のすべてを受け入れるが、一度頑なになると、針一本指すところがないのが人の心である。それで歌手たちは「私の心、私も分からない……」と私たちの心を代弁している。自分の心を自分が分からないとは、ある意味では無責任な話のようである。しかし、これは平凡でありながら間違いのない真理である。

人々は仕事場でたくさんの人たちと会う。ある人とは目が合っただけでも一日の張り合いを感じるようになり、ある人はその影を見ただけでも食欲がなくなる時がある。限られた職場で対人関係ぐらい重要な事柄もないであろう。よくは分からないが、情の移った職場を辞める場合、その理由の中のいくらかにこの対人関係の問題があるのではなかろうかと思う。

どうして同じ人間なのに、ある人は愛しくて、ある人は憎いのであろうか。宗教的な側面から観ると、前世に絡んだ理由が照らし出されなければならないが、常識の世界でみても何かそれらしい原因があるはずである。原因がない結果はないものである。

そうだからといって、職場が「丸木橋で会う」(怨恨をかえば禍を受けることがあるという諺)ことになってはいけない。まず、同じ職場で働くことになった因縁に感謝をしなければならないと思う。この世には三十数億にもなる膨大な人たちが暮らしている。その中で東洋、また、その中でも五千万人を超える朝鮮半島、その分断された南側、ソウルだけでも六百万を超える人たちの中で、同じ職場で仕事に従事しているということは、ぞくぞくするような比率である。このような由来を考える時、まず会ったという因縁に感謝しないわけにはいかない。

癪にさわることがあっても、自分の心を自ら顧るしかない。他人を憎むと相手が憎いのではなく自分の心が憎くなる。小癪だと思ったり憎いと思う気持を持ち続けて生きていくとしたら、その被害者は誰でもない自分自身である。一日一日をそのように暮らしていくと自分自身の人生自体がしみだらけになってしまう。

そうであるから対人関係を通して私たちは人生を学び、自分自身を磨くのである。回心、つまり、心を顧ることで自分の人生の意味を深化させるのである。

わだかまりはいつかは溶けなければならない。今生で溶けないと、それがいつまで続くか分からないことである。だから職場はそのいい機会であるだけでなく、親和力を育てる場にもなるのである。仕事の偉大さは何よりも人と人とを結束させるところにあるはずである。仕事を通して私たちは心を合わせることができる。憎むのも私の心であり、愛しく思うのも私の心にかかっている。『華厳経』で「一切唯心造」というのも、まさしくこの意味である。

どんな修行や修養と言えども、この心を離れてはあり得ないことである。それは心がすべてのことの根本になるためである。

『法句経』には次のような比喩が出てくる。

「錆は鉄から出てきたものであるが、だんだんその鉄を腐らせてしまう」

このように、その心根に陰りが見え始めるとその人自身が錆び付いてしまうという意味である。

私たちが完全な人間になろうとすれば、自分の心を自制しなければならない。それは偶然にできることではなく、日常的な対人関係を通して可能になることである。どうして私たちがお互いに憎み合わなければならないのか。私たちは同じ船に乗って、同じ方向に向かう旅人なのに……。

（一九七三年）

永遠なる山

山で暮らす人たちが山への愛着を持っているといえば、その心中を知らない他人は笑うかもしれない。しかし、山で暮らす僧たちは、山に対し人一倍強い思いを持っている。この山で暮らしながら通り過ぎてきたあの山を恋しがり、話にだけ聞いてまだ行ったことのないその山を想うのである。

辞書をひもとくと山を「陸地の表面に周囲の土地よりずっと高く突き出している部分」と説明している。このような山の概念を読んで私は思わず微笑んでしまう。それは形式論理学の答案用紙にでも書かれるであろう表情のない抽象的な山であるからである。

山には高くそびえる頂だけでなく深い渓谷もある。木と岩と小川とあらゆる鳥たち、獣、霞、雲、風、山鳴り、そして寂れていく古寺、この他にも無数のものが私たちの想念と調和し、一つの山を構成している。

山が好きで山に住むという言葉があるが、それは嘘ではない。山が嫌になると山に住めない。だから、一度山奥に入って暮らすようになると、その山を気軽に離れられない愛着が生じる。

山は四季を通して、いつも新しい。その中でも夏が終わった後の秋の山は僧侶たちの胸をときめかせる。紅葉した葉が、山葡萄、猿梨の実、アケビの実が手招きしている。日課の終わった秋の日の午後には禅院と言わず、講院と言わず、寺全体がガラーンと空っぽになる。みんな林の中に入っていって、山の獣のように蔓にぶら下がっているためである。

バラバラと栗の実が落ちる。あの谷この谷からあれこれしゃべっているような音が、耳慣れた音のようにとても懐かしく聞こえてくるのである。このような様々なことによって、山で暮らす人たちからは青々しい山の匂いがする。

昔の修行僧たちは暮らしていた山が単調に感じてくると、同僚のそばを離れもっと奥深い山を求めて一人旅立っていく。絶壁の下に粗末な草屋を建て、何も持たないで自然を道連れに道心を養った。

むくむくとわき起こる白い雲の中に、粗末な草屋
起きたり寝たり散歩したり、のどかに暮らす
冷たい小川の水は般若（知恵・清浄の意）を歌い
澄んだ風が月と調和し、全身に冷たい

このような境地は高麗時代末期の懶翁（ナオン）禅師だけでなく、山を知り、道を知る人であれば誰でもが味わうことのできる出離の風流である。深い山奥であるので、一日中人影が途絶え、一人草屋に座り、すべてのことから離脱してしまうのである。三、四尺の高さの枝折り戸を半分ぐらい閉めて、疲れたら寝、お腹が空くと食べ、憂いなしに過ごすのは単純な隠遁を楽しむためではなかった。時至れば獅子の雄叫びをあげるための沈黙の修行なのである。

今、私は林があり、鳥がいて、甘露の泉や池がある茶来軒にいるが、蒸し暑い夏の日

には度々山への思いが起こる。その度に小川のせせらぎが恋しくなり思い煩う。最近はひょいと気軽に訪ねていく山がなく、あきらめて羽をたたんでしまう。この頃の山寺ではあの青々しい山の匂いをかぐことができない。観光の国韓国という呼名の下に、その奥ゆかしい雰囲気が消え去っている。

というわけで、志のある修行僧は名刹に背を向け、名もない山野に閉じこもる。都市の公害のため鳥がどこかへ去っていくように。

残念なことである。本当に残念なことである。

（一九七三年）

沈黙の意味

現代は本当によくしゃべる時代である。食べたり吐き出したりするのが口の機能ではあるが、この頃の口は、不必要な言葉を吐き出すのにこれまでになく忙しいようである。今まではお互いに面と向かった時に言葉を交わし合ったのだが、電子媒体というのが出現してからは一人でも好きなだけしゃべられるようになった。

民主共和国である大韓民国では、流言飛語とか緊急措置（軍事独裁政治の政策の一種）にさえ違反しなければ、そして統治する人たちの政策から外れさえしなければ、そのしゃべる内容がお世辞であれ偽りであれ、または脅迫であれ罵りであれ、心いくまで勝手にしゃべることができる。いわゆる言論の自由が保障されている風土なのである。

ところが、言葉数の多い話には大した内容がないというのが私たちの経験するところである。毎日毎日、私自身の口から発せられる言葉を一人でいる時改めて考えてみると、大部分つまらない騒音なのである。人が話さなければならない言葉は、必ず必要な言葉であるとか「ほんとうの事」でなければならないのに、不必要な言葉や嘘が大半であることを考えると憂鬱になる。くだらないことを話した後は、いつも私の中にある光が少しずつ漏れていってしまうようで、言葉尻が心もとなくなる。

良い友人かどうか、何で分かるかという事を時々考えてみるのだが、まず、いっしょにいる時間に対する意識で分かるようだ。いっしょにいる時間が退屈に感じられる場合は良い友人ではないのであり、「もうこんなに時間が経ったのか」というほど、いっしょにいる時間が早く過ぎればそれは親密な間柄なのである。どうしてかというと、良い友人とは時間と空間の外で生きているからである。私たちが祈祷をしてみるともっとよく分かる。祈祷が邪念なくよくできる場合は、いつもは時空の中で生きている私たちであるが、間違いなく時空の外にいるようになり、そうでない時はそのように時間を意識するようになる。時間と空間を意識するようになると、それはうわべだけの祈祷になる。

私たちは、また、その人が友人であるかどうかを識別することができるであろうか。まさにそうだ、話をしなくても飽き飽きせず退屈しない、そんな間柄が良い友人なのである。口を開けて声に出さなくても、ゆったりとして清潔な庭をお互いに出入りすることができるのである。声に出さないだけで、玉のように透き通った明るい言葉が沈黙の中で絶え間なく行き来するのである。そのような境地には時間と空間が及ぶことができないのである。

言葉というものは常に誤解を伴うようになる。全く同じ概念をもった言葉をもってしても意思疏通がうまくいかないのは、お互いに言葉の後ろに隠された意味を知らないからである。母親たちが幼児のつたない言葉を直ぐに分かるのは、言葉より意味に耳を傾けるからである。このように沈黙であれ幼児語であれ、愛の力でもってお互いに分かり合えるものである。

事実、必要以上の言葉は騒音にすぎない。何の考えもなしに、いきなり、やたらに話される言葉を拾ってみると、私たちは言葉と騒音の限界が分かる。今日私たちが話す言葉遣いが地位の高い低いに関係なく、ますます荒くなり野卑になっていく現象は、それだけ内面があらわになっている証拠であろう。内側に沈黙の照明を受けていないからなのである。

そして性急な現代人たちは自分の言葉の使い方を知らない。政治権力者たちが、タレントたちが、歌手が、コメディアンたちが吐き出す言葉を何の抵抗もなしにそのまま拾って真似しているのである。それで頭の中が空っぽになっていく。自分の思索まで奪われてしまっているのである。

修行をする者にとって、寡黙とか沈黙が美徳として考えられているのは、まさにそんな点に問題があるためである。黙想を通して私たちの中に溜っている言葉に初めて耳を傾ける。内面から聞こえてくるその声は、未だ編集されていない聖書そのものなのである。私たちが聖書を読む本質的な意味は、未だ活字になっていないその言葉をよく理解し、そのように生きるためなのではなかろうか。

我有一巻経（人それぞれに一巻の経典があるが）

不因紙墨成（それは紙や活字で出来たものではない）

展開無一字（開いてみても一字もないが）

常放大光明（いつも明るい光りに輝いている）

経典にある言葉である。日常の私たちは、目に見え、耳に聞こえ、手に摑まるものだけでいろいろな事物を認識しようとする。しかし、実相はあの沈黙のように、見えも聞こえもしないし、手で摑まえることの出来ないところにある。一切の自己中心的な固定観念から離れ、何のわだかまりもない虚心坦懐《きょしんたんかい》とした心境でこそ大光明が発せられると言うことなのである。

座禅をする禅院には、禅室の内外に「黙言」と書いた表示が付けられている。話をしないでいようと言うこと。集団生活をしていると、時には是非を問うことが生じる。是非を問い正していると精神を集中させることができない。禅は純粋な精神の集中であると同時に、徹底した自己凝視であるのである。すべての是非と分別妄想から離れてこそ、三昧の境地に入ることができる。

言葉は意思疏通の役割を果たすが、時には不必要な雑音と言った逆機能も同時に与えられている。口、これが禍のもとである（口是禍門）。口を指して禍の門と言ったのもその逆機能の面を指摘したものである。ある禅僧たちは、三年と言わず、十年と言わず、続けて黙言を守っている。彼らが黙言をしている時は、大衆も彼に言葉をかけない。

修道者たちがこのように黙言するのは、黙言それ自体に意味があるのではない。黙言という濾過過程を経て、ただひたすら「真の言葉」だけを話すためなのである。唖者と黙言者とが違う点が、まさにここにあるのである。

カリール・ジブランは、私たちが話さなければならない言葉を「声の中の声で、耳の中の耳に」話すものだと言った。事実、言葉の極致は言葉より沈黙にあるような気がする。あまりにも感動した時、私たちは言葉を失う。しかし、人間である私たちは言うべき事は言わなければならない。

ところが、口を開いて話さなければならない時であるにもかかわらず、黙り続けていようとする人たちがいる。それは美徳ではなく卑怯な回避である。そのような沈黙は、時には犯罪性を帯びる。正しいか間違っているかを見分けなければならない立場にある人たちの沈黙は、卑怯な沈黙なのである。卑怯な沈黙がこの時代を汚しているのである。

沈黙の意味はつまらない話をしない代わりに、正面切って話せる真の言葉を話すためであり、卑怯な沈黙を固守するためのものではないのである。どこにもやましいことのない人だけが、堂々と正面切って話せるのである。堂々とした言葉が、バラバラになった人間を結合させ明るい通路を貫通させることができるのである。修道者が沈黙を修行する意味も、まさにここにあるのである。

（一九七四年）

純粋な矛盾

六月はバラの季節だと言ったっけ。そうだ、それで少し前、近くにある保育園に立ち寄ったら、バラが六月を待つかのように枝ごとに蕾をふくらませ始めていた。数株をもらって部屋の前の庭に植えた。単調だった庭が明るくなった。朝夕、水をあげる時はモーツアルトの清冽で、明るく軽やかな気配が襟元に漂ってきた。強い日差しを山がさえぎってくれた時のような、居心地のよい楽しみであった。

今朝、開花！

まさに宇宙の秩序が開かれたのである。生命の神秘の前に立ち、胸がときめき始めた。一人で見るのが惜しかった。いつぞやの胸にしまっておいた記憶がよみがえった。

出版の用事でソウルに上京し、安国洞（アングットン：日本大使館の所在地）の禅学院にしばらく逗留していた時の事である。ある日の朝、電話がかかってきた。三清洞（サムチョン洞：近辺に景福宮や国務総理の官邸がある）にいる和尚から急いで来てほしいとのことだった。何の用事かと聞いたら、来てみたら分かることだから早く来いというのである。そのまま取るものも取りあえず直行した。そこには花壇いっぱいケシの花が咲いていた。

それは驚異だった。一つの発見だった。花がそんなに美しいものであるという事を、その時までほんとうに知らなかった。近づいて見ることさえ気掛かりなほど、いじらしく弱々しい花びら、霞がかかったように朦朧とした葉、そして幻想的な茎などが私をすっかり魅了してしまったのである。美しさとはおののきであり、喜びであるという事実を身をもって感じたのである。

それ以来、誰かがどの花が一番美しいと思うかと、時たま少女趣味じみたことを聞いてくると、言下にケシの花と答える。この返事ほどはっきりとしていて自信満々な答えはないと思う。それはあまりにも切々とした体験であったからである。何でまた麻薬の花かとひやかされると、美しさには魔力がつきものだと応酬してやる。

こんな話を部屋の前に咲いているバラの花が聞いたら、ちょっとさびしく思うかもしれないが、そのケシの花はその年の夏の朝に初めて見つけ出した美しさであったのである。かといって私には今朝蕾を開いたバラの花が、数多くのありふれた花のひとつであるわけではない。花屋なんかに咲いているそんなバラとは根本的に違うのである。この花には私の手と思いが染み込んでいるからである。サン・テグジュペリ式に表現すると、私が私のバラの花に時間をかけたために、私のバラの花がそんなに大切なものになったのである。それは私が水をあげて育てた花だから、虫を取り除いてやったのがその花だから。

土の中に植えられた一本の木から色と香りをもった花が咲くという事は、一大事件なのである。こういった事件こそ、この「純粋な矛盾」こそ、私の王国では号外モノといってもおかしくないことなのである。

（一九七六年）

魂の母音—星の王子に送る手紙—

1

星の王子よ！

今、外では枯れ葉の舞い散る音が聞こえる。窓に広がっていく午後の日差しがこの上もなく優しい。

こんな時刻に、私はいたいけに澄んだ君の声を聞く。玉のような眼差しを見る。一日に何回も日が沈む光景を眺めているその眼差しを思い浮かべる。こんなこだまがかえってくる。

「ぼくと仲よしになろう。ぼく、一人ぽっちなんだ」

「ぼく、一人ぽっちなんだ……ぼく、一人ぽっちなんだ……ぼく、一人ぽっちなんだ……」

星の王子よ！

今、君は私にとって何の縁もない他人ではない。一つ屋根の下に住む見慣れた家族なのである。これまで君の話を二十回以上も読んだ私には、これ以上活字で読む必要もなくなってしまった。本をパラパラとめくってみただけでも、君の世界を見越すことができるからである。行間に書かれた内容までも、余白に染み込んでいる声までも、全部読み取ることができるようになったのである。

数年前、正確に一九六五年五月、君と出会ったのは一つの邂逅《かいこう》であった。君を通して初めて人間関係の根本部分を認識することができたし、世界と私の関係が何親等であるかを推し量り得るようになったのだ。それまで見えなかった事物が見えるようになり、聞こえなかった声が聞こえるようになったのである。だから、君を通して私は自分自身と出会ったのだ。

それ以来、私のみすぼらしい書架には君の仲間たちが、一つ一つ集まりはじめた。彼は乾ききった私の幹に、生き生きとした樹液を巡らしてくれた。松風の音のように無心の世界に私を連れていくのである。そして、私のすることが私の存在であることを塵一つない透明さでもって悟らせてくれた。

時には何気なくふと窓を開ける時がある。夜空を見上げながら耳を澄ます。玉を転がしたように響いてくる君の笑い声を聞くため。そして微笑みを浮かべる。

こんな私を周りの人たちがおかしく思ったなら、私は次のように話すであろう。

「星を見ていると私はいつも微笑みたくなる……」

2

星の王子よ！

君のおじさん（サン・テグジュペリ）は、次のように話していたね。

「大人は数字が好きだ。大人に初めて親しくなった友だちの話をすると、一番大切なことは全然聞かない。彼らは『その友だちの声はどんな声だった？』『どんなイタズラが好きなのか？』『蝶々のようなものを採集しているのか？』こんな事を聞くことは絶対ない。『歳はいくつ？』『兄弟は何人？』『体重はどれくらいなのか？』『その子のお父さんはどれくらい稼ぐのか？』これが彼らが聞く質問である。そうしてこそ、その友だちが分かると思うのである。

もし、大人に『窓際にゼラニュームの花が咲いていて、屋根には鳩が遊んでいるきれいな赤いレンガ建ての家を見た』と言うと、彼らはその家がどんな家か、ピンとこない。『一億ウォンの家を見た』と言わなければならない。そしたら、『わあ、それはすごい家なんだな！』と、感嘆する」

今、私たちの周囲では数字遊びがたけなわだ。二回選挙を済ませた後、物価がうなぎ登りに上がり、輸出高が予測を下回り、国民所得があれこれ取り沙汰されている、などなど。だから暮らしが豊かだという事は、目に見える数字の単位が高ければ高いほど良いという事である。従って国を治める人たちは、この数字に最大の関心を注いでいるのだ。数字が伸びると威張り、減少するとむやみやたらと腹を立てる。いわば、自分の命がどれほど残っているか無関心でありながら、目に見える数字にだけ縛られているのである。

ところで、このように可視的な数字遊びによって、不可視的な人間の領域が日を追って萎縮されひからびていくところに問題があるのだ。全く同じ水を飲んでも、牛が飲むと牛乳を作り、蛇が飲むと毒を作るという譬えがあるが、その数字を扱う当事者の人間的な資質が問題なのである。しかし、社会的に高い地位にいる人たちは人間の大地から離れグルグル空回りしながらも、そんな事実さえ知らないでいるのだ。

星の王子よ！

君はそんな人を指して「キノコ」と言っていたっけ？

「彼は花のにおいなんかかいだこともないし、星を眺めたこともないし、誰も愛したこともなくて、していることといったら、寄せ算ばかりだ。それなのに、一日中私はいい人だ、私はいい人だと見せびらかしている。そしてそのため大変驕慢になっている。でもそれは人間ではないよ。キノコだよ！」

そうだ、君がキツネから聞かされた秘密のように、一番大切なものは目に見えない。よく見ようと思えば心で見なければならない。事実、目に見えるのは氷山の一角にすぎない。より大きく広いものは心で感じなければならない。でも、大人はそうじゃない。

目の前に現れているものだけを見えるというんだから。ほんとうに明き盲なんだから。目に見えない世界まで見透かすことのできる知恵が、現代人には欠けているということなのだ。

3

星の王子よ！

君はあのバラの花がこの世でたった一つの貴重な花だと思っていたのに、同じようなたくさんのバラの花を見て失望のあまり草むらにうつ伏せて泣いてしまったね。その時キツネが現れて、「なじむ」と言う言葉を教えてくれたんだ。それはもう忘れてしまっている言葉だといいながら、「仲良くなる」と言う意味だと言ったね。

なじむ前には、相手が数千数万のありきたりの存在にすぎなく惜しくも恋しくもなかったのが、一旦なじんでしまうとこの世でたった一つしかない貴重な存在になるということなんだ。

「君が僕になじむと僕の生活は日が昇ったように明るくなるだろう。僕はどんな足音とも違う特別な足音を知ることになる。君の足音は音楽となり、僕を洞穴から誘い出すことになるだろう」

そしてキツネとは何のかかわり合いもない麦畑が、星の王子の髪の毛が金髪であるというたった一つの事実のため黄金色の染まった麦を見るとキツネは王子が恋しくなり、麦畑を吹きわたる風の音が心地よく思えるだろうと言った。

そんなに切々とした「仲良くなるという関係」が、人間の住む世の中では色あせてしまった。お互いに利害と打算で利用しようとしてしまうんだよ。本当にせちがらい世の中だ。あなたと私の関係がなくなってしまったんだ。あなたはあなたで、私は私と切れてしまったんだ。このようにバラバラに散らばってしまったために、あなたと私はもっと寂しくならざるを得ないのである。人間関係が回復されるためには「あなた」、「私」の間に「と」が介在しなければならない。そうなって初めて、「私たち」になるのである。また、君の友だちのキツネの声を聞いてみよう。

「人間たちは、今、何かを知る時間さえなくなってしまった。できあいの品物を店で買えばいいだけだから。でも友だちを売ってくれる商人はいないから、人間は友だちがいなくなるんだよ。友だちがほしかったら私と仲よくなればいいよ！」

なじむと言う意味が分かった星の王子、君はそのバラの花のために過ごした時間のために、君はそのバラの花がそんなに貴重に思えたことが分かって、次のように話したね。

「僕の一本のバラの花は、数千数万のバラの花と比べものにならないほど貴重なものだよ。それは僕が水をあげた花だから、覆いをかけてやり、衝立で風を防いでやった花だから。僕が虫を取り除いてやったのがそのバラの花だったから。そして不平も聞いてやったし、自慢話も聞いてやったし、黙っているときは聞き耳を立ててやったのもその花だったからね。それは僕の花だから」

そして自分が世話をした相手には、いつまでも責任を取るようになるとも言った。

「君は君のバラの花に責任を取らなくちゃ！」

「人間は特急列車に飛び乗るが、何を探しに行こうとしているのか分かっていない」

そうなんだ。現代人は忙しく生きている。時間に追われ、仕事に追われ、お金に追いまわされながら、我を忘れて暮らしている。どこから来てどこへ行くのかも分からないで、疲労回復剤を飲みながら、ただただ忙しくだけ飛び回ろうとしている。全然なじむということを知らないでいる。だから一つの庭園で数千本の花を育てながらも、自分たちが探しているものを見つけられないでいるのである。それはたった一輪の花や一杯の水からでも見つけられるものなのに。

また、君はこのように言ったね。

「ただ子供たちだけが、自分たちの探しているものが何か分かっている。子供たちは布切れで作った人形一つだけでも時間をつぶし、そしてその人形がとても大切なものになってしまう。だから誰かがそれを取り上げると泣き出してしまうんだ……」

星の王子よ！

君は死を大したものではないと思っているんだね。体を古びた抜け殻にたとえながら、死を少しも恐れていなかったね。生は一片の雲が生じたもので（生也一片浮雲起）、死は一片の雲が滅したものである（死也一片浮雲滅）と思っていたね。

そうだ、この宇宙の根源を頻繁に出入りする人には死なんて何でもない。死も生の一つの過程であるから。星の王子よ、君の実体はあの古びた抜け殻のような物ではないはずだ。それは古びた服だから、服が古くなると新しい服に着替えるように、私たちの体もそんなものである。そして君が住んでいた星の国に帰ろうとすれば、実際その体を持っていくには煩わしいことだろう。

「それは古い抜け殻のようなものなんだ。悲しかないよ、古い抜け殻なんて。ねえ、おじさん、それは遥かに遠いんだ。僕も星を眺めるんだ。星がみんな、さびついた車がついた井戸になるんだ。そして僕にいくらでも水を飲ませてくれるんだ……」

4

星の王子よ！

これから君となじみになった後の私の周辺に関わる話をしたいと思う。

『星の王子様』という本を私に初めて紹介してくれた友は、この事実一つだけを取っても私には一生忘れられない有り難い友である。君と接する度に、重ねてその友に感謝せざるを得ない。その友は、私を一つの運命のようなものに出会わせてくれたのだから。

今までかなりの本を読んできたが、君がくれたほど大きい感動を受けた本はそう多くない。だから君は私にとって、単純な本ではなく一種の経典と言っても大げさな表現ではないと思う。誰かが私に書籍の中で一、二冊の本を選べと言ったら、『華厳経』といっしょにためらわず君を選ぶであろう。

親しい知人たちに『星の王子様』をすでに三十冊以上もプレゼントしたと思う。君のことを喜んで読む人には、たちどころに信頼感と親密さを感じるようになる。たとえその人が初めて会った人であっても、君を理解し、君を好きな人なら私は友だちになることができる。私の知っているフランス人の神父一人と、ニュージーランド人のある女性は、君のことが縁になって親しくなった外国人たちである。

君のことを読んで何の感興もそそらないという人がいるが、そんな人は私と物の尺度が合わない人だと思えるのである。私が親しくなれるかどうかは、君の話を読んだ後の反応でたやすく推し量ることができるのである。だから、君は人間の幅を計る一つの物差しなんだ。少なくとも私にとっては。

そして君の声を聞く時、私は横になって聞く。横になって聞いたらもっと君の声を生

郵便はがき

料金受取人払郵便

天王寺局
承　認
17

差出有効期間
2020年3月21
日まで

（有効期間中
切手不要）

5438790

（受取人）

大阪市天王寺区逢阪二の三の二

東方出版　愛読者係　行

〒

●ご住所

ふりがな

●ご氏名　　TEL　　FAX

●**購入申込書**（小社へ直接ご注文の場合は送料が必要です）

書名	本体価格	部数

ご指定書店名	取次	
住所		

愛読者カード

ご購読ありがとうございます。このハガキにご記入いただきました個人情報は、ご愛読者名簿として長く保存し、またご注文品の配送、確認のための連絡、小社の出版案内のために使用し、他の目的のための利用はいたしません。

お買上いただいた書籍名

お買上書店名

県　　郡・市　　書店

お買い求めの動機（○をおつけください）

. 新聞・雑誌広告（　　　）　2. 新聞・雑誌記事（　　　）

. 内容見本を見て　4. 書店で見て

. ネットで見て（　　　）　6. 人にすすめられて

. 執筆者に関心があるから　8. タイトルに関心があるから

. その他（　　　）

ご自身のことを少し教えてください

ご職業　　年齢　　歳　　男・女

ご購読の新聞・雑誌名

メールアドレス（Eメールによる新刊案内をご希望の方はご記入ください）

通信欄（本書に関するご意見、ご感想、今後出版してほしいテーマ、著者名など）

き生きと聞くことができるからだ。想像の世界を心ゆくまで飛び回ることができるからだ。君の声は聞けば聞くほど新しくなる。それは永遠の母音なのだから。

ああ、これほど君が私を揺り動かしているわけはどこにあるのであろう。それは君の魂があまりにも美しく優しく、少し切なくなるほどだからであろうか。砂漠が美しいのは、どこかに泉が湧き出ているためであるように。

君の大切なバラの花と、口輪をつけていない羊によろしく言っておくれ。

君はいつも私と一緒にいる。

（一九七一年）

神の都ソウル

しばらく姿を見せなかったうぐいすの声を聞いて梅雨の間たまった洗濯をしていた朝、この茶来軒にまくわ瓜売りが現れた。その年寄りのまくわ瓜売りは頭の上にかついでいたカゴを下ろしながら、甘いまくわ瓜を買ってくれと言った。境内に商売人が出入りしてはいけないのが寺院の規則になっているが、せっかく訪ねてきた年寄りを無視することができなくて、代金四十ウォンを支払ってまくわ瓜を二個買った。

ところがおかしなことが起こった。お金を受け取った年寄りが、お金にペッペッとツバを吐くではないか。その表情があまりにも真剣なので、どうしてそうするのかと理由を聞くこともできなかった。

数日後、一柱門（寺に入る時の最初の門）の外で、そのまくわ瓜売りのおばあさんに出くわした。どうしてお金にツバを吐いたのかと聞いたら、その日の商売の始めだったので縁起をかついでそうしたと言った。それじゃ、よく売れたのかと聞いたら、とてもその日は商売運が良かったと答えた。

その時のお金にツバをかけていた真剣な姿とそっくりな様子をどこかで見たことがあった。それがどこであったかを思い出そうとひとしきり思い惑った。そうだ、三清洞（サムチョン洞：景福宮の近く、国務総理官邸所在地）の裏山だったっけ。三清洞にある七宝寺（チルボ寺）に寄寓していた頃、朝早く山に登る度に出くわした事であった。岩と岩との間で、婦人たちが食べ物を供えて、熱心にお祈りを捧げていたその姿であった。時たま巫女たちが、岩場が鳴り響くくらい鉦を打ちながら天地神明に祈りを捧げたりしていた。特に、入試シーズン近くになると仁旺山（インワン山：大統領官邸の右側にある）で「野外音楽団」の役割をしているというのだ。

近代化に向かってつき進んでいる祖国の首都圏で、このような巫俗が健在しているのを目の当たりにして、大韓民国で迷信のはびこる神の都は鶏竜山（ケリョン山：忠清南道にある）にあるのではなく、ソウルであると思われた。この迷信を信奉する巡礼者たちは、庶民層にとどまらず、高い地位にいる方々のご夫人たちも時たま交じっていると聞いて驚かざるを得なかった。

宗教と迷信の分水嶺には、いろいろな標識が打ち込まれているのであろうが、その中には正と邪がある。求めるものが堂々とした正しいものか、邪悪な曲がったものであるかによって、その道は分かれるであろう。

お寺を訪ねる人たちの中でも、お寺を迷信の場と勘違いしてくる人が時々いる。そうかと思えば、ある種の僧侶たちは自分たちの本分を忘れて、人相を見たりペコペコしながら運勢を見たり、占いの生業《なりわい》を繰り広げて、信者たちをとんでもない道に導いているのである。

こんな場合、宗教と迷信の縁故関係は曖昧になってくる。このような素地が残っているかぎり、偽物の詐欺僧侶が現れても不思議でない。

今朝、例の年寄りがまた現れた。

今度は桃を頭の上にかついできた。

この調子では、年寄りを思いやって買ってあげる好意が、私を迷信を肯定する類の者に変質させてしまいそうだ。

（一九六九年）

本来無一物

人間は生まれ落ちたときから物と因縁を結ぶ。物なしに私たちは日常生活を営むことはできない。人間を指して万物の霊長というのも、物との相関関係を言っているのである。

内面的な欲求が物との円満な調和を保っている時、人間はゆったりと安らいでいる。同時に私たちが経験するある種の苦痛は、この物によるという事は言うまでもないことである。そしてもっと耐え難いのは物それ自体よりも、物に対する所有観念のためなのである。

自分が大切にしていた物を盗まれたり失ったりした時、人間はつらくなる。所有観念というものがどれほど激しい執着であるか改めて経験するのである。それでたいがいの人たちは、物を失うと心まで喪失するという二重の損害を被ることになる。こんな場合、執着の絡みから脱け出し、一度振り返ってみるという心を持ち直す回心という作業は精神衛生上から考えても、当然必要な行為である。

よく考えてみると、本質的に私の物というのはあり得ない。私が生まれ落ちたときから持ってきた物でないかぎり、私の物はない。何かの因縁で私のもとに来て、因縁が切れてしまうと去っていくものなのである。もっと極端に言うと、私という実体もないのに、どうして別に私の物が有り得るであろうか。ただ、私がいっとき預かっていただけなのである。

垣根のない山中の寺では、時々泥棒が入る。ある日、人里離れた山寺に「夜のお客様」がおいでになった。眠りの浅い老和尚が用を足し、戻りがけに後ろの方に人の気配を感じた。どうしたことか、背負子《しょいこ》に荷物を載せ起き上がろうとしてはやめ、起き上がろうとしてはやめ、ウンウンうなっている。米びつからお米を一俵盗み出したものの、力尽きて起き上がれないでいたのである。

老和尚は背負子の後ろに回って泥棒がもう一度起き上がろうとした時、そっと押してあげた。やっと起き上がった泥棒がひょいと後ろを振り返った。

「何も言わずに背負っていきなさい」

老和尚は泥棒に低い声で諭した。明くる朝、僧たちは昨夜泥棒が入ったと大騒ぎをしていた。でも老和尚は何も言わなかった。彼には失ったものがなかったからである。

本来無一物、元々一物もないというこの言葉は禅宗では次元を異にして使われるが、物に対する所有観念を表現した言葉でもある。

それ以来、その夜のお客様はその山寺の熱心な信者になったという話である。

（一九七〇年）

未だ私たちには

六月がバラの季節だと喜んでだけはいられない。未だに深い傷が癒されていない私たちには。カインの後裔《こうえい》たちが暴れ狂っていた六月。言語、風習、血が同胞同士の間で銃をかまえ、血を流していた悪の季節にも花は咲くのであろうか。

咲き切ることもないままはらはらと散ってしまった若者たち、その若い魂が眠っている河向こうの町銅雀洞（トンジャック洞：ソウル江南、国立墓地の所在地）。そこに行ってみると、戦争が何であるかを骨身にしみて分かる。それも赤の他人でもない同族同士の骨肉相食む争い、主義や思想を問う以前に同胞の恥辱と言わざるを得ない。

ところが、生き残った人たちには戦争の傷跡が、河向こうの火事見物のように忘れられているようだ。六月になると、一日か二日、ただの年中行事として集まった後、すぐに忘れ去られてしまうほど軽く扱われている記憶の数々。戦場で無念のうちに、実に無念の涙をのんで死んでいった彼らが残した最後の言葉が何であったか、私たちはすっかり忘れてしまっているのである。今日見られるぜいたく、虚栄、背徳、埋め尽くすことのできない格差と断絶を招来するためにあの無数の若者が死んでいったのであろうか。

国会議事堂と行政機関が、時には国立墓地の近くに移動してくればいいと思う時がある。つまり、国家の大事に携わっているエリートや高級官吏に戦争の意味を実感させ、ひいては生と死の観念的な距離を縮めてやるためにも、国立墓地のような環境でなら政治という面をかぶった取引や陰謀が、腐敗や不正が、なんとか対面を取り繕おうとするのではないかという願いからである。

何年か前の議事堂の一風景。外国の戦争に軍隊を送るべきか否かというとても厳粛な決断を迫られている場で、国民の意思を代弁する或る「代弁者」たちはコックリコックリ居眠りをしていたとか。いくら自分たちは戦争に赴かないとは言え、このようないい加減な生命管理がどこにあるのであろうか。それがよしんば貧しい私たちの立場から、パンと命を引き替えにしなければならないという悲劇的な立場であったとはいえ。少なくとも、彼らは可決をする前に、一度くらいはこの沈黙の村に来なければならなかったであろう。あの無数の若者たちが血を流し息絶えていく時の最後の言葉が何であったかに耳を傾けなければならなかったのだ。

戦争が許しがたい悪という事は、今更人類史を繙《ひもと》いてみることもない。どんな名分を持ってしても、生きようとする命を殺し平和な秩序を踏みにじる戦争は悪である。

野獣のように、お互いに殺し合い、血を求め、狂ったように殺気立った目は決して私たち人間の目ではない。

無心に花が咲くといって、六月がバラの季節とばかり言ってはいられない。

未だ私たちの祖国の山河では。

（一九七〇年）

対面

誰それを知っているかと聞くと、「ああ、あの人。よく知っていますよ。私とは極めて親しい仲ですよ。まあ、学生時代には格別な間柄だったんだけど……」と言いながら自分ほど彼のことを知っている人は他にいないかのように大言壮語する人が時たまいる。

しかし、人を理解するということほど、難しいことが他にあるだろうか。多様で微妙な深層を持った人間を、どのようにしてすべて理解することができるというのであろう。だから、人間は各自それぞれ一人だ。洗面道具を一緒に使うほど親しい間柄と言っても、彼は結局他人である。

だから誰それを知っているという時、私たちは目に見えるその人の一部分しか分からないのである。ところが、思いもかけないところで突然彼と出くわす時がある。道端に何げなく咲いている草花が時には私たちの足を止めるように。

筆者は生前の寂然（チョックヨン）禅師にお目にかかった事がない。筆者が入山する前に、禅師はすでに娑婆世界と因縁を切った後だったからである。施恩（施しを受ける恩）を軽くするために、いつもつぎはぎの衣を着て生食をしたという禅師、一日に三時間しか眠らず座禅だけしたという。そして一生を通して山門の外に出なかったという彼がどんな方であったか、周りの人たちが伝える話だけでは到底その姿を把握することができなかった。

そんなある日、偶然にその禅師の逗留していた寺に行くことになった。そこで私は意外にも禅師と出会ったのである。弟子の一人が大切に保管していた遺物を見て、ふと禅師の快活な声を聞くことができた。思いやりのある眼差し、すらりと見栄えのいい体格もはっきり見えたのである。このように禅師と対面できるようになったきっかけは、弦がすっかり擦り切れてしまったコムンゴ（韓国の伝統楽器、琴の一種）と手垢のしみたトンソ（韓国の伝統楽器、尺八に似た笛）のためであった。

その時まで、私は禅師を誤解していたのである。水気のない古木のように廉直でシャッキッとした修道僧、人間的な弾力というものは爪の垢ほどもない甲高い声、事に当たっては妥協ということを全然知らない強情一点張りであろうと。ところが寺の片隅に立てかけてあったコムンゴとその上に掛けてあったトンソを見て、彼の人間的な余白と出会ったのである。

寺の傍らの大きな磐石に座って汗を冷やしていた。松風の音にのって想像の世界が広がっていった。冴えわたった月夜、禅師はコムンゴを抱えて外に出て禅悦にひたる。快活な声で、回心の曲を歌う。磐石の上をさっとリスが上がってくる。紅葉した葉がいつしか気づかぬ間に少しずつ散っていく。

彼は無味乾燥とした律僧ではなかったであろう。経典の言葉や座禅にだけ執着したカビくさい道僧でもなかったはずだ。その日の対面によって、私は、生前に一面識もなかった禅師に暖かい親和力のようなものを感じるようになった。もちろん、私なりに知っている彼の一断面に過ぎないであろうが、彼とそのように出会ったのである。

（一九七〇年）

生き残った者

　ここ数日の間に、庭は緑色に色づき始めた。去年の秋以来その姿を隠していた彩りが、またよみがえり始めているのだ。乾いた土から若芽が萌え出るのを見ると、本当に不思議でならない。何もないかのようにその姿をくらましていて、いつの間にか季節がめぐってくると現れるのだ。

　昨日は向こう村の養鶏場で鶏の糞を買ってきて、この茶来軒の周りの植木の下に埋めてやった。嫌な肥やしの臭いが根を通って茎や葉や花にまで至ると、甘い五月の香りに変わるのだ。大地の造化に敬意を表さずにはいられない。新春の土の臭いをかぐと生命の歓喜のようなものが、胸一杯にふくらんでくる。裸足で踏んだ畑の土の触感、それは永遠の母性である。

肥やしを埋めようと土を掘っていて、ふと自分が生き残った者であることを意識するようになる。私は未だ埋められずに生き残っているんだな、という考えが浮かんだ。この前の冬、春川（チュンチョン：江原道にある地名）への往き来でもそんなことを感じた。春川から乗ったバスの席も、偶然に一番後ろの非常口の横の座席であった。そして、ひしめき合って墓が並んでいる忘憂里（マンウリ：「死と向かい合った時」の章を参照のこと）墓地の前を通り過ぎながらも、ふと私は未だ生き残っているんだなという考えが浮かんだのである。

何も非常口の窓を通してみた墓地でなくても、今生存しているすべての隣人たちはまさに「生き残った者」であるに違いない。うっかりよそ見をしていたら、走っている車に残った命を奪われる状況におかれている私たちなのである。部屋の主も分からないあの非情な練炭の毒ガスとチャンパン紙（オンドルの床の上に貼る油をしみこませた厚い紙）と、紙一重の差で共存している日常の私たちではないか。名前もいろいろな病気の数々、大量殺戮の戦争、不慮の災難、そして自分自身との葛藤。こんな間で私たちは本当にけなげにも死なずに生き残った者なのである。

死が私たちを悲しくさせるのは、永遠の別れであるという以前に、たった一つしかない命をなくすということだからである。だから生きることはそれ自体が貴重な目的なのである。したがって、生命を手段として扱うのは、取り返しのつかない悪なのである。それがどんな大義名分からであったとしても戦争が許せない悪であることは、一つしかない命をお互いが何の呵責も感じないで、むやみやたらに殺し合っているからである。

生き残った人たち同士は、もっとお互いを大切にし、いたわり合わなければならないのである。いつ、どこで、どのように自分の番を迎えることになるかも知れない人生なのである。生き残った者である私たちは、寿命を全うすることのできなかったその人たちの分まで代わって生きなければならないのではなかろうか。そのため私の今の存在が、生き残った者としての役割を果たしているかどうか、いつも見つめなければならないと思うのである。

その日の仕事を終え、それぞれ家族の待っている暖かい家庭に向かう夜の帰路で、人々の疲れた眼差しにぶつかる。「今日一日も私たち、辛うじて生き残りましたね」と、あいさつをしたい。生き残った者が、零下の寒さの中で生き残った木々に肥やしをほどこしてあげる。私たちはどちらも生き残ったモノなのである。

（一九七二年）

美しさ―会ったこともない妹たちに―

この文章を読んでくれるあなたが誰なのか、私は分からない。しかし、聡明で美しい少女であることを願いながら、この文章を書いている。聡明であるということは、そして美しいという事は、その事実だけを取っても大きな価値があるからである。

先日、知人と会うため、鐘路（チョンロ：ソウル中心街にある）にある喫茶店に立ち寄ったことがあった。私たちの横の席には女学生たちが五、六人座っていた。ところが、彼女たちがゲラゲラ笑いながらおしゃべりし合っている話を聞いていて、私は悲しくなってきた。

そのわけは、高校一、二年生の女学生の対話としてはあまりにもすさんでいて下品であったからである。私たちだけでなく周りには他の客もかなりいたが、彼女たちは周りの人など全然気にせず、ただただしゃべりまくっていた。そのうえ、言葉遣いがあまりにも荒くて、とても聞くに耐えなかった。

言葉遣いはその人の人となりを表すものではなかろうか。そして、また、その言葉によって人格を磨いていくこともできるものなのだ。そのため、日常生活で交す言葉が、私たちの人格形成にかなり大きな役割を果たしているのだ。それにもかかわらず、美しい少女の口から荒くて下品な言葉が、何のはばかりもなく飛び出してくる時、どうしたらいいか分からなくなる。花々の中を通りすぎる風の便りのように、香り高く美しい言葉だけ使っても全部使いきれず死んでしまう私たちなのに。

いつかバスの終点で女車掌同士、罵倒し合う言葉を聞いてあまりにも不快で、そのバスから降りてしまった。オンボロ車の中で臭う揮発油の臭いは頭が痛いだけで済むが、罵倒する言葉は心の中まで腐らせてしまうからである。それは人間の対話でなく下水のたまり場で腐っている醜悪な悪臭と全く同じである。そんな雰囲気の中で少しの間でも私は留まっていることができなかった。

悪口の言い合いが対話として通用している、そんな世間であることを知らないわけではない。しかし、あなたたちは学問を身につけられなかったのでもなく、無秩序な生活環境の中で生活している者とは違うという意識を持たなければならないのではなかろうか。

「美しいということは、その事実だけをとっても大きな価値がある」と、前述した。それでは美しさとは何であろうか。外をゴシゴシと洗って、それらしく取り繕ったのが美しさではもちろんない。それは目をくらましているだけである。それはいつしか消されてしまうから。美しさが永遠の喜びであるなら、それは一次的な見せかけであるはずがない。見れば見るほど新しく咲かなければならない。だから、美しさは一つの発見でもある。澄んだ目にだけ映るから。

ミス韓国とか、ミスユニバース等を私は美しいとは認められない。彼女らには、雑誌の表紙とか写真館の前にかけてある写真のように魂がないからである。美しさを政治のように多数決で決定するのは本当におかしなことである。そしてある意味では、彼女たちは美しさを表現しているのではなく、冒瀆しているのである。美しさとは見せかけではないからであり、商品価値ではないからである。

ところが世間の人たちは、おしなべて美しさといえば盲目的に外面だけを見ようとする。だから美しく見られようと、ありとあらゆる努力を傾けているわけである。高価な化粧品を使わなければならないし、飲むことさえ大変な牛乳でお風呂をわかすかと思えば、何とかいう運動をし、高級な服を着なければならないと思い込み……。

彼女たちは分からないのである。秘めた所にかえってその神髄が見られるという芸術の秘法を。現代人はただ表に出すところだけにあくせくとし、秘めるということを忘れてしまっている。見せかけにだけ気を使い、心を養うことを疎かにしているのだ。このような点は、春香（チュンヒャン：韓国の代表的な古典文学に出てくる命をかけて貞節を守ったという女主人公）や、沈清（シムチョン：盲の父親を助けるために売られて人柱になる親孝行な娘）に学ばなければならないであろう。

しかし、美しさは他人に見せる前に自ずと現れるものではなかろうか。花に香りが自ずと漂うように。

ある詩人の言葉であるが、「花と鳥と星は、この世で一番清潔な喜びを私たちに与えてくれる」というのである。だが、その花は誰かのために咲くのではなく自らの喜びと生命の力で咲くのである。森の中の鳥は自分たちの何にもとらわれない自由な気持でさえずり、夜空の星も自分自身の中から出す光を私たちに投げかけるだけなのである。それらは私たち人間のためにする行動なのではなく、ただ自分の中にすでに孕んでいる大きな力を受けて、溢れる喜びの中で咲き、さえずり、光っているのだという。

このように、美しさは内からしみ出てくるものなのである。澄んで透明な魂が内から外にしみ出してこなければならないということなのである。人それぞれ違った顔をしているのはどうしてであろうか。お互いに取り違えないように、よく見分けられるようにと、何か見えない手がうまく作り上げたのであろうか。いや、そうではない。もちろんそんなことではない。それは各自することが違うところからくるものである。

オルグル（顔）という言葉の語源が、オル（魂）をもとにして出てきたものとしたら、一人の人間の顔の形は、そのまま人間の魂の形そのものなのである。美しい顔はこれまでの美しい行為を通して美しい魂を作り上げてきた結果そのものだし、醜い顔は醜い行為だけ積み重ねてきた結果そうなのである。そうだとすると、美しさや醜さは、私でない誰かによって作られたのではなく、自分自身の行為によってそのような面相になったのである。

口の悪い美人を想像することができるであろうか。それは決して美人ではない。そして心の空っぽな美人なんて考えることができるであろうか。だから美しさは聡明さとつながっていなければならない。聡明さは偶然に得ることのできるものではない。純粋に自分を見つめることによって、自分の中に秘められていた光が輝くのである。

私は、君が試験の点数などでブルブル震えるようなそんな少女であってほしくない。もちろん、頭が悪くても困る。君がいることによって、君の周りの人たちが明るく豊かになれるようなそんな存在になってほしい。少女という言葉は、純潔だけでなく美しく聡明な本質を磨く人生の幼い時期を意味している。

君の一日一日が君を形成する。そして遠からず一つの家庭という暖かい憩いの場を作り上げていくことであろう。その暖かい憩いの場は隣人に広がり、一つの社会につながっていくであろう。このように考える時、君が「居る」ことは絶対的なことである。居てもいなくてもどうでもいい存在ではないのである。

妹たちよ、この殺伐とした暗い世間が、君の清々しい美しさによって生き甲斐を感じることができるように聡明になってほしい。君のすることが何であるか探してごらん。それが即ち君自身であろう。

（一九七一年）

真理は一つのはず―キリスト教と仏教―

1

二年前の冬だったか、西大門（ソデムン：ソウル市内の西域）にあるタラクバン（元々屋根裏部屋の意であるが、小さな集まりが開かれ気軽に出入りできる場所の意）でベタニ塾が開かれている時であった。私は講演を頼まれてその場に参席したことがあった。そこに集まった人たちは殆んどが牧師の夫人たちだということであった。ところが、講演をしながら私はおかしな錯覚に内心首をかしげていた。

聴衆の中の五、六人が何処かで会ったことのある人たちだと思えてならなかったからである。間違いなく何処かで会った人たちなのに、それが何処で会ったのか思い出すことができなかった。私が主催していた法会であったのか、さもなければ出家前に隣近所に住んでいた人たちなのか、何処かで会った人たちであるようなのにどうしても記憶が蘇らなかった。

ところが、私は帰りの車の中で急にその人たちが誰であったか分かったのである。その人たちは、実際に何処かで会った人たちではなかったのである。その人たちの内面的な信仰生活が外ににじみ出ていたので、以前に会った人たちだったと錯覚してしまったのである。もしかしたら前世で隣りに住んでいた人であったかもしれないが。

人と人とが親しくなれるということは、外に表れたうすっぺらいものより澄みきった魂によるものだということが分かったのである。その時の因縁で、私たちはまた会うことになったのである。一度会った人たちとは、また会えるようになるものだ。

去年の秋、私は雲水行脚をしながらあちこち歩き回り、ある日の夕方、俗離山（ソックリ山：忠清南道にある）に立ち寄ることになった。客室に荷物をおいた後、川辺で手足を洗って戻って来る道で、

「法頂和尚様ではないでしょうか」

と言う声が聞こえた。振り返ってみると、あの時ベタニ塾で会った婦人たちであった。思いがけない所で会えて、とても懐かしかった。

いつだったか、赤い線を引きながら読んだマックスミラーの文章が思い出された。「……辺りが暗くなった時、心の奥深く一人であることを感じた時、そして人間が左に右に行き来しながらお互いに誰であるか分からない時に、忘れていた感情が私たちの胸の中に沸き上がってくる。私たちはそれが何であるか分からない。それは愛ではないが、もちろん友情でもないことは確かだ。冷たく私たちのそばをすれ違っていく人たちに、『私をご存じないですか』と尋ねてみたくなる。そんな時に人と人との間は、兄弟の間柄より、親子の間柄より、親友の間柄より、もっと身近に感じられるようになる」

この時、他人は決して自分と無縁な存在なのではなく最も身近な自分の分身であることが分かる。それにもかかわらず私たちは、お互いに何も言わず、すれちがってだけいるのである。

2

ほとんどの場合、ある宗教を通して信仰生活をする人たちは、宗教を持たない一般の人たちに比べて対人関係においておおらかだと言われている。しかし、その対人関係が異教徒に向けられる時、突然変異を起こすことがたまにある。おおらかだった雅量が、急にすくんでしまってハリネズミのようにハリを逆立てるのである。

私は時々こんな風な応対を受ける。何かを買おうと思って店の中に入っていくと、店の主人はハッキリとした口調で、

「私はクリスチャンです」

と言う。もちろん、私が施しを受けようとして入ってきた托鉢僧と勘違いして言った言葉であろう。何ともない様子で品物を選び、お金を払って出てきながら振り返ると、店の主人は何とも言えない複雑な表情をしている。または、クリスチャンたちが山寺に遊びに来て、何かのきっかけで賛美歌を歌ったりすると、必死になって歌わせないように遮る僧がなくもない。

このような苦い現象は、何処にその根を下ろしているのであろうか。自分が信じている宗教的な信念からというよりは、異教徒と言えば無条件に敵視しようとする排他的な感情に原因があるようだ。自分の信じている宗教だけが唯一のもので、その他の宗教は一考にも値しない迷信であると錯覚している盲目さからくるものであろう。このように独善的で排他的な選民意識がまるで自分の信仰心を篤くすることのように思っているため、自らの視野を遮っているのである。

したがって、そのような短見でもって読んだ経典や聖書の解釈は大変危険であることは言うまでもない。文章や言葉の中に隠されている意味を忘れて、一つの比喩にしか過ぎない表面的な言葉に執着しているのである。

多くの宗教が存在しているかぎり、どんな宗教であれ、それ自身の象徴が必要である。しかし、その象徴が盲目的な崇拝物になったり、または他の宗教に対して優越性を証明する道具として使われるとすると、それは無意味である。

すべての誤解は理解以前の状態なのである。したがって、正しい批判は正しい認識を通してのみ下すことができる。ところが、誤った固定観念に捕われている一部の宗教人たちは、性急に認識を経ないで批判からはじめようとする。もちろん、認識がない批判というものは健全な批判精神であるとは言えないが。私たちが本当に自分の宗教の本質が分かるようになると、自然に他の宗教の本質も分かるようになるのである。

これまでキリスト教と仏教との間に望ましい対話の道が開かれなかった原因を探ると、相互間の独善的な我執によって誤解があったからであろう。出世間的な愛は、偏愛ではなく普遍的なものである。普遍的な愛は異教徒を含めたすべての隣人に行き渡っていくものなのである。

筆者が愛読している「ヨハネの第一の手紙」には、こんな句がある。

「神を愛していると言いながら、兄弟を憎む者は、偽りの者である。現に目の前にいる兄弟を愛さない者は、目に見えない神を愛することはできない」

「神」を「仏陀」に置き換えると、偽の仏教信者たちに該当する適切な言葉である。時々こんなことを考えてみることがある。ある日、もしイエスさまと仏さまがお会いになったらどうなるだろうか。誤った固定観念に捕われ、いがみ合っている偽の信者たちとは次元からして違うであろう。

よく分からないが、弱い立場や不幸な境遇にある人を助けようとする心が相通じる二人は、ことさらあれこれあいさつを交すことなく、お互いに静かな微笑を浮かべて向かい合っているだけであろう。彼らの視野は永遠に到達しているから、彼らの心は一つに結ばれているから。

3

すべての誤解は、それぞれが家にだけ閉じこもっているところから来るものである。堅く閉ざした門を開けて話し合うと、お互いに兄弟であることを心の底から感じるようになる。近頃、宗教人同士の集まりが活発になり始めてからは、従来の偏見に捕われていた理解以前の状態が大変解消されている。

だから、何よりも会って話し合うということが重要である。会わなければ話し合うことができない。また、話を通して始めて私たちは会うようになる。会うことは一種の開眼でもある。なぜかというと会って話し合うことから誤解の帳が開けられ、認識の視野が開かれるからである。今まで見えなかった領域が見え、聞こえなかった声が聞こえるのである。そして、私たちは寂しく浮かんでいる島ではなく、同じ大地につながっている不可分の存在であることを認識するようになるのである。

『リグヴェタ』にこんな句が出てくる。

「一つの真理に対して賢者たちはいろいろに表現している」

いろいろな宗教を考えてみる時、味わいのある言葉である。事実、真理は一つなのであるが、その表現が違うだけなのである。私は時たま聖書を読みながら感じることなのであるが、仏教の『大蔵経』を読んでいるような錯覚を覚える時がある。少しも不自然だったり異質観を感じることはない。また、クリスチャンが心を空にして『大蔵経』を読む時も同じような気がする。問題は誤った固定観念のため「心を空にする」と言う状態に達していないところから理解できないでいるだけである。

マハトマ・ガンジーが言っているように、宗教とは枝がいっぱいに繋った一本の樹と同じだ。枝から見るとその数は多いが、幹から見るとたったの一つだけである。全く同じヒマラヤなのに東側から見るとこうであり、西側から見ると違って見えることと同じなのである。

それゆえ、宗教は一つに至る個別的な道なのである。同じ目的に至る道なら、別々の道を行くとしても少しも悪いことはない。事実、宗教は人間の数ほど多く有り得る。どうしてかというと、人間は各自特有の思考と趣味と行動様式を持っているからである。

このような観点からキリスト教と仏教を見るとき、異質観が生じるということは毛頭ない。キリスト教や仏教が発想されたその時代や社会的背景からして宗教的な形態は違うとは言え、その本質においては同質のものなのである。宗教は、人間がより賢く慈悲の心を持って生きていくために人間がつくった一つの「道」だからである。

問題は、私たちがどれほどお互いに愛し合うかによって理解の濃度が違ってくるのである。真の理解は愛から生まれるからである。

神を見た者は、まだひとりもいない。もしわたしたちが互いに愛し合うなら、神はわたしたちのうちにいまし、神の愛がわたしたちのうちに全うされるのである。

（「ヨハネの第一の手紙」第四章十二節）

（一九七一年）

騒音旅行

最近私たち人間の日々は、一言で言って騒音である。週刊誌、ラジオ、テレビ等、マスメディアは現代人たちに画一的な俗物になってくれと言わんばかりに、盛んに煽り立てる。それだけでなく、私たちの口からも言葉に姿を変えた騒音が、疲れも知らず次から次へと飛び出してくる。無責任な言葉が好き勝手に氾濫しているのである。

だから私たちは、真の自分自身の言葉を持っていない。すべてが市場や戦場で通用しそうな、生臭い殺伐な言葉ばかりである。それは盲目的で凡俗な追従はあっても、自分の信念がないためなのであろうか。このようにして現代人は、お互いに似通っていく。動作だけでなく、思考までが凡俗に同質化されている。政治をする側から見ると本当に便利なことである。適当な色だけ流し込んでおくとサッと染まっていき、手足をバタバタさせている群れを見て大声で愉快だと言うであろう。

そのため、騒音に囲まれバタバタしている私たちは、接触が少ないからではなく、かえってあまりにも多く接触しすぎて虚脱感に落ち込んでしまうのである。季節が変わっても根を下ろせないまま、果てしなくさまよっているようだ。灰色の騒音に埋められ生命の樹までがしおれていくのである。

そんな大地に秋が訪れ、乾いた風の音が吹き渡る。耳元でなく脇腹を吹きとおるその音を聞くと、ふと、遠くへ行きたくなるいつもの病気が少しずつ頭をもたげた。その日のうちに旅立った。

徐羅伐（ソラボル：新羅の古称）！　そうだ、新羅（シルラ）に行こう。仏国寺の復元工事の現場を以前から見たいと思っていた。東大門（トンデムン））にある高速バスのターミナルから慶州（キョンジュ）行きのバスに乗った。「元気でいろよ、騒音の都市よ！」

第三ハンガン橋（現在はハンナム大橋）を渡るや否や、天井のスピーカーから歌が流れ始めた。行脚の旅では時たま聞こえてくる歌は懐かしい旅の道連れになる。時には乾いた風の音のような役割をしてくれるし、何気なく窓の外に投げかけた視線の焦点を合わせてくれることもあるから。だから、旅の疲れを流すと言う言葉もあるではないか。

ところがである。休むことなくなり続く天井のスピーカーからの歌は懐かしい旅の道連れではなく、我慢できない侮辱であった。その歌というのもおしなべて蝿の糞がベタベタついたようなメロディーばかりである。北韓（朝鮮民主主義人民共和国）から来た人でなくても、どうして南韓（韓国）のメロディーと歌詞はあのようにみじめで哀れっぽく病にかかったようなものかと思うであろう。いやしくも自由の国大韓民国の自由という特色を、あのように脚色しなければならないのか、誰がこんな音を聴いて、静かに目をつぶっていられるというのであろうか。

我慢しきれなくなって、車掌にしばらく音楽を止めてくれないかと頼んだところ、それこそ馬耳東風であった。繰り返して頼んだところ、「他の人はみんな楽しんで聴いているのに、どうしてなんですか」と、にらみつけてきた。まわりを見回したら、歌に合わせて足で拍子を取っている人もいた。私は我慢するしかなかった。修行者というつまらない対面のために。私が払ったお金でバスが走っているのに、そこには私の意思は何一つ、さし入れられない。やっと騒音の日常から脱け出して澄んだ静かさの中で羽を伸ばそうとさすらいの旅に出たのに、騒音が「カー・ステレオ」という機械装置を通して続けざまに私を追跡しているのである。ああ、こんな騒音が文明であるというなら、私は何の未練もなしに静寂の未開に入るであろう。

道路に沿って色が濃淡バラバラに葺かれたスレートの屋根、山裾や川などとどうみても釣り合いが取れていないそれらの粗雑な覆いを見て、ふと、こんなことを考えた。

大韓民国の流行歌という流行歌を一つ残らず吐き出しながら走っているこの高速バスが、四つの車輪を持った車両ではなく一つの国家だとしたらどうなるであろうか。それは考えただけでも恐ろしい、恐怖の戦慄であった。

バスを運転している運転手と車掌格の政府は、国民の好みとは何のおかまいもなく自分たちが好きなメロディーをかけまくっているのである。自分たちの常識で客の良識を計っているのである。客が払った料金で動いているにもかかわらず、カー・ステレオまでそんなお金で動かしながら、客の意思には全く知らないふりをしているのである。彼らは、いつも半裸体の踊りを見せている彼らにふさわしいウォーカーヒル（ソウルの外れにあるホテル、カジノとショウで有名）のようなところに突拍子もなく連れていくかもしれない。つまらない想像なのだろうか。

ソウルから慶州まで、その騒音のため私はさすらいの風流を失い、自由への翼を奪われてしまったのである。千三百ウォン分の騒音から降りると、私は心身ともにフラフラになっていた。ソラボルはどこかに去ってしまっていて、観光都市の慶州と冷たい対面をしたのである。

外部の騒音のため、自分の内心の声を聴くことができないということは間違いなく現代人の悲劇である。たとえ行動半径が月の世界にまで拡大されたとしても、求心を失った行動は一つの衝動に過ぎない。しかし、問題はその騒音にあまりにも汚染されてしまっていて、聴覚がほとんど麻痺状態になっているという点である。老若男女を問わず、騒音の櫃の前から離れることを知らない人たち、それがもとで馬鹿になっていくということも知らない利口な文明人たち。

自分の言語と思考を取り上げられてしまった日常の私たちは、我が物顔に鳴り響く騒音の流れに便乗して、いずことも知らず流されているのである。今日、私たちが交している対話も、一つの騒音に過ぎない場合が多い。なぜかというと、その騒音が媒介となって新しい騒音を生み出しているからである。

しかし、人間の言葉が騒音だとしたら、それによって色褪せていくとしたら、人間が惨めになってしまう。それならば人間の言葉は何処から出て来なければならないであろうか。それは当然沈黙の中から出てこなければならない。沈黙を背景にしない言葉は騒音と何の違いもないであろう。人間は沈黙の中でだけ事物を深く洞察することができ、また、自分の存在を自覚する。この時初めて自分の言葉を持つようになり、自分の言葉に責任を持つようになる。そのため透明に澄んだ人間同士の間では何も話さなくても楽しいものである。声にしないだけで、無数の言葉が沈黙の中で行き交っているのである。

口数の多い隣人は一緒にいると疲れてしまう。そんな隣人は、剥き出しの自分の有り様を喋ることによって包み隠そうとしているのである。そんな言葉は騒音の中から出て、騒音として消えていく。しかし、口数の少ない人の言葉は、重みを持って私たちの魂の中に入ってくる。だからいつまでも聞こえてくるのである。こんな意味でも人間の言葉は沈黙の中から出てこなければならない。太古に言葉が存在する前に深い沈黙があったのである。

現代は本当に疲れた騒音の時代である。カミュのメルソが今生きているとしたら、まさしく太陽の光のために銃を撃つのではなく、騒音のために銃を乱射するかもしれない。

（一九七二年）

私の愛誦詩

深い深い山の奥で
山鳴りじいさんが
岩の上にどっかと座り
私のようにしらみをつぶしつぶし
　一人で暮らしていたよ

柳致環（ユ・チファン：詩人。一九〇六〜六七、号は青馬）の「深山」という詩である。詩がどんな物なのか私はよく分からない。しかし、読むほどに私の生活の領域に弾みをつけてくれるこのような言葉の結晶が私はとても好きだ。

いつからだったか、晩年にはどのように回向しようかと考えてきた。青二才のくせに、今からもう晩年のことを言うとはとたしなめられるかもしれないが、瞬間から永遠を生きようとするのが生命の現象ではないか。ある想像は、それ自体で現在をより豊かに培ってくれることがある。「深山」は、私に想像の羽をくれ、果てなき大空を飛び回らせてくれる。

日常的な事を終えて、世間的な仮面をさっぱり脱ぎ捨てて、私なりのやり方で暮らしたい。どんなものにもこだわる事なく、すっきりと本当に選り抜きのものだけで暮らしたい。

いつか毛筆の拙い字で「深山」を書き枕元に張り付けておいたら、一人の同僚がそれを見て、どうして選りに選って貧乏ったらしくしらみをつぶすのかと言われた。することもなくひまだから日当たりのいい岩の上に座って、しらみをつぶすしかないではないかと言ったものの、そんな境地で果たして何をするというのか。もちろん、仏教ではごく小さな生物でも殺生は禁じている。人間にとって何でもないことが、そっちにとっては一つしかない命がなくなることなのだからである。

つまり、ひもじくなければ枝の先の実をもぎ取って食べ、疲れると岩の下の草の茂みで寝入る。わざわざこれ以上習い、身につけることもない。時には松風の音を聞きながら霞のかかった下界を身をかがめて見る。岩の間からほとばしる泉の水を汲んできて茶を立てる。茶釜のそばで一対の鹿が居眠っている。興に乗ると歌でも口ずさもうか。朗々とした歌声を聞いて鶴が舞い降り、ふわりふわりと踊りを踊るであろう。

人影の絶えた深山では鏡なんて要らない。周りのすべてのものが私の顔であり、姿なのであるから。

暦も要らない。時間の外で暮らしているから。

一人なので誰も私を縛り付けることができないだろう。

独りでいるということは、純粋な私がいるということである。自由は独りでいることを意味する。

ああ、何も持たないで、何にもとらわれないで、山鳴りじいさんのように暮らしたいものだ。太古の静寂の中で、仙人のようにつれづれなるままに過ごしてみたいものだ。

（一九七二年）

仏教の平和観

1

休戦ラインを境にして事実上戦争状態に置かれている我々の現実を振り返ってみる時、不安の影はあちこちに潜んでいる。政治を生業にしている世界のヘビー級チャンピオンたちが地球を所狭しと忙しく四方八方飛び回っているのも、もとはと言えば世界平和のための必死の努力であると思われる。しかし、このような努力にもかかわらずこの地球上ではたったの一日も戦いの終わる日がない。人間はどうして戦わなければならないのだろうか。戦わないではいられないようにつくられている存在なのだろうか。

人間がよりよく暮らすため発展してきた技術文明によって、人類史上はじめて月まで飛んでいくようになった今日、人間が住む大地では戦争による殺戮の血生臭い匂いが日々漂っていることを思うと、社会構造がどこかおかしいと言わざるを得ない。

人間は幼いときからよくケンカするだけでなく、戦争ごっこも兼ねてする。玩具屋ではかわいい人形といっしょに銃や刀も売っているのである。だからかわいいもみじのような手が、殺戮をする道具に慣れるよう大人たちが身をもって教えているのである。

運動競技の種目の中で拳闘とレスリングというのがある。この二つの競技は、それ以外のどんな競技より観衆を熱狂させ夢中にさせる。それが国と国との競技の場合、リングの上で殴り殴られる選手ばかりでなく、観衆たちもいっしょに闘っているのである。「踏んでしまえ！　殺してしまえ！」と言う喚声とともに、時には石が飛んできたり酒のビンが飛んできたりする。こんなものを指してそれでも親善競技だと言っている。

人間同士取っ組み合って、血を求めて殴り合うこんな行為が競技種目として脚光を浴びているかぎり、人間の住むところケンカの絶える日は遠い。戦争とは何であろうか。まさしくこのような競技の拡大図ではなかろうか。

今日、戦争は機械文明の発達とともにその様式がだんだん凄絶を極めてきた。非戦闘員まで戦争の渦に巻き込まれざるを得なくなっているのである。第二次世界大戦以来、女子供までも大虐殺の生け贄になっているのである。

このような状況の中で、宗教人が過去のように不動の姿勢で青山白雲など眺めながら超越しているとすれば、宗教などない方がましである。一切の衆生がぶつかっている問題は、即ち、宗教の課題であるからである。そのため、平和に対する念願と努力は、今日の宗教がとり上げなければならない一番大切な課題の中の一つなのである。

2

仏陀、釈迦牟尼の教えは、平和が何であるかを見せてくれたその一つの事実だけでも人類の歴史に不滅の足跡を残したと言えるであろう。

仏教が社会的な実践倫理の基本として考えているのは、他でもなく慈悲である。衆生を愛し、喜びを与えることを慈といい、衆生を哀れに思い苦しさを取り除いてあげることを悲という。だから、慈悲は人間の心性の昇華とでも言えるであろう。

初期仏教では、母が子供を愛するようなそんな心の持ち方ですべての隣人を愛しなさいと強調した。

「母が一人息子を命懸けで守るように、すべての生きとし生けるものに対して限りない慈悲心を持たなければならない」（『スッタニパータ』一四九）

限りない慈悲には、親しいとか親しくないとか、敵や味方等という差別があるはずがない。

「私たちは万人の友、一切の衆生の同情者。慈悲の心を養って、いつも何物をも傷つけないこと（無傷害）を楽しむ」（『長老偈』六四八）

「それ故、敵にも慈悲を施しなさい。慈悲でいっぱいにしなさい。これがすべての仏の教えである」（『ミリンダ王問経』）

人間の存在において基本構造はこの世に存在しているという事実である。そして、この世にいるということは一緒にいることを意味する。人間は一人では生きることができない。お互いに頼り合って関係を結びながら生きているのである。だから、相手の不幸は私にとって無縁であるはずがない。「これが在るからあれが在り、あれが無ければこれも無い」という言葉は、因果関係の原理であるが、一方、それはすべての存在の実相でもある。

　初期教団では、国家権力に向かって戦争を放棄するよういろいろと努力していた。「恨みは恨みによって解決できない。恨みを捨てることによってそれは和らぐ」と言った。

　マダカのアサセ王が隣国のバッチ族を攻撃しようと仏陀に意見を求めたとき、仏陀はいろいろと相手側の状況を聞いた後、無益な戦争を押し止めながら、次のように言った。

　「政治とは殺しもしないし傷つけもしない、勝ちもしないし敵に勝たせもしない、悲しくさせないで、法にしたがって治めなければなりません」（『相応部経典』第一巻）

　そして不可避な場合であっても、ぶつかって戦うより、その時その時の状況による臨機応変の智恵（権智：仏が衆生を強化するために便宜上使う方便の智恵）で和平を求めなければならないと言った。

3

先日、早朝映画館で「ソルジャーブルー」を見て、戦争の意味が何であるかを改めて確認することができた。一人の心の中に芽生えた憎悪に火がつき始めたとき、その炎は手のつけられないほど燃え上がってしまう。どんな戦争であっても本質的な勝利というものはあるはずがない。すべてが敗者なのである。愚かな憎悪心とつまらない貪欲に自ら燃えて灰になってしまうのである。世の中の動きというものは外面的な現象だけで出来上がるものではない。因果関係でつながる縁起の論理に譬えなくても、世の中の流れは根元的に各個人の動静と直結しているのである。そのため、その世界の中で生きている個人の思考方式や行動は、直ちにその世界を形成することになる。

特に、影響力を持った世界的な政治家の動きは、それだけ大きな反応を呼び起こす。彼らが世界平和のために努力しているのは幸いである。「ソルジャーブルー」を当事国であるアメリカが作ったということだけでも不幸中の幸いである。

しかし、根本的な努力は彼らの心から貪欲と憤怒と無知を洗い流すことである。利己的で自己中心的な固定観念から脱け出し、一緒に生きている隣人に施しと慈悲と智恵を分かち合うことでなければならない。

国際間の経済的に均等な分配なくしては、いかなる平和も存在しない。過去、平和を破った原因を思い起こしてみる時、絶対多数の意思からではなく少数の支配階級の行動様式が決定的な役割をした。特に、核兵器が登場した現代戦争の結果は、どちら側にも勝利が存在することなど有り得ない。人間に智恵が切実に求められている所以がまさしくここにある。

平和の敵は、愚かで偏屈で思慮が浅く融通性がなくなりがちの人間の心そのものにある。また、平和を築き上げるのも、智恵深く度量の大きい人間の心にかかっている。だから、平和というものは戦争がない状態というよりは人間の心性から出てくる慈悲の具現である。

私たちはいがみ合って闘うために生まれてきたのではない。お互いに助け合い愛し合うために出会ったのである。

（一九七一年）

森から学ぶ

山から下りて六、七年、市井の寺で暮らしている間に得たものも多いが、失ったものも少なくない。得たものと言えば、この騒がしい時代の空気を吸いながら世間の俗事を身をもって感じた点であり、失ったものは私の中に持っていた清々しい光が少しずつ色あせていった点である。

修行者にとって、自分の内に持っている光が色あせていくのは決して些細なことではない。修行者が光の機能を失うということは、自分自身だけでなくその周りにまで暗い影を落とすようになるのである。

市井で何より物足りなかったのは、私を支えてくれる森がなかったということである。いっとき、その影の下で思惟し、行動をしていたうっそうとしていた森も、日増しに肥大していくだけの首都圏に侵食されてしまった。外から押し寄せてくる騒音があまりにも厚くて私自身の中で芽生え、そこから出てくる声をハッキリと聞くことができなかった。このようにして光が色あせていったのである。

山僧の本拠地は言うまでもなく森の中の寂静な処。昨年の秋、森の中に山居をしつらえ、ひょいと帰還した。ちょうど山に住む一頭の獣が、野原に出てきてあちこちうろついてから疲れた体でかつての住み処に戻ってきたようなそんな感じであった。もちろん、志を同じくした同僚たちのそばを離れてしまったことに対する申し訳なさも決して小さいものではなかったが、健康と光を失っていった私の立場からは他に道がなかった。

森には秩序と休息が、そして静かさと平安があった。森はすべてのものを受け入れてくれる。霧と雲、月の光と太陽の光を受け入れ、鳥と獣にはねぐらとなる巣を与えてくれる。そして森は拒否をしない。自分を傷つける暴風雨でさえ嫌がらず心ひらいて受け入れる。このようなことが森が持っている徳であるようだ。

森に帰ってきたら、何よりも先に詰まっていた息が通じるようになった気がした。土に触れ、木に向かっていたら市井でたまった垢が洗い流されていった。澄んだ風に吹かれ冷たい清水を飲む時、萎れていた私の内面の庭が少しずつ生きかえり始めた。沈黙の冬が過ぎ、春が来て森が新しく彩られ、鳥たちの声が艶々しくなると、私も一本のたくましい木のように身体中に青々とした樹液が巡った。外部の騒音に埋められ聞こえなかったあの「内面の声」が、少しずつ聞こえてくるのであった。

土を掘り起こし、種を蒔き雑草を取り除きながら自ら耕して食べていると、自然の秩序に自ずと頭が下がる。

土と木と水で成っている自然には偽りがない。蒔いて耕したとおりに採り入れるという真理をそのまま見せてくれる。その秩序の前では無理強いやごまかしのようなものは容赦されることはないし、また、その世界では何も刷新するものがない。本来造られたそのままであるから。ただ誠意を持って接すると誠意のある応えがあるのみである。根気よく待ちながら慣れることを知ればいいのである。

昨年の春、森が新しく彩られ始めていた頃、自然の造化を見つめながら私は色々と学ぶところが多かった。

木々はそれぞれに自分たちの色をその葉に発散させていた。そのどんな木も自分に似ろと駄々をこねたり強要したりしなかった。それなりに自分の色を発揮することにより、森は燦爛《さんらん》とした調和を成していたのである。万が一、木々が全く同じような色をしていたとしたら森はどんなに重苦しく単調であろうか。それは魂の抜けてしまった枯死林、生命が宿った森ではないはずだ。大地に根を張り、空に枝を伸ばしながら生き生きと息づいている木々であるために、自分らしく生きようと自分の色を発散させているのである。それぞれに自分なりの色を帯びているために、あのように燦爛とした調和を成しているのである。日増しに画一化している今日の私たちとしては、その荘厳な調和の前に恥ずかしさを感ぜずにはいられない。

私たちにとって自然は何であろうか。

それは、単純な土と木と水ではないはずである。更に、征服の対象ではないはずだ。たった数時間雨が降っても、数センチ雪が降っただけでも、わなわなと震えている私たちの分際で征服だなんてとんでもない話である。その秩序と寛容の前では、人間は分際と力の限界を知り謙虚に学ばなければならない。人間の背景は、疲れた都市文明ではなく「あるがままの」自然であると思われる。その中で私たちは人間らしく暮らすことを繰り返し繰り返し学ばなければならない。人類史上偉大な宗教と思想が、教室ではなく森の中から生まれたということは何を意味しているのであろうか。自然は人間にとって永遠の母性なのである。

それにもかかわらず、この頃、私たちの周りの自然はあれこれ理由をつけられ数限りなく破壊されていっている。一度破壊された自然は元通りに回復できないということが、どうしようもなく腹立たしい。週末などに山寺の周辺を注意してみなさい。そこに私たちは、今日この国の裏面を覗きみることができるはずだ。その度に私はこのような考えが頭に浮かぶ。その国の国民の資質は、輸出高や所得増大の数字だけでは判断できない。彼らが自然をどれほど慈しみ愛しているかに資質の尺度を置かなければならない、という考えである。

（一九七六年）

台所訓

秋が深まっていくので草庵でも冬支度で忙しい。人里離れた山中の庵ですべての仕事を一人でしてしまおうとすると、二本の足と両手ではいつも仕事の手が足りない。冬の間に使う薪を前もって準備し、道場を手入れし、また、寒くなる前にキムジャン（冬季用のキムチを漬けること）も終えてしまわなければならない。それで「秋僧九足」と言う言葉ができたのであろう。

体は疲れるが、私なりの暮らしができるのでそれなりに満足している。数人が一緒に暮らすと、こんな仕事も分担して軽く処理できる。しかし、今は誰とも一緒に暮らしたくない。一緒に暮らしても何も得ることがないから。

出家した後、私はずっと人の出入りの多い大きな寺で暮らしてきたが、そのせいか近頃は目に見え耳に聞こえることが多く、自分でも知らないうちに無駄口の多い人間になっていくようだった。もちろん、一つ処に集まって暮らすのはお互いに頼り合い助け合って相和して生きていこうというところにその意味があるのだろうが、無駄口は自他ともに嫌だ。そして、この頃僧団の雰囲気は伝統的な僧家精神が継承されるようになっていない。どうせ独り飛び出してきたのだから独りで離れて暮らすだけのこと。出家した修行僧の道は、犀の角のように独りで行く道なのだから。

暮らしの中で、食べるということは些細なことではない。自炊する人なら誰でも感じることであるが、食べることが楽しいと言うより面倒くさく思われる時が多い。食べずにいると病気になり倒れるから、そうならないために食べているのである。そして、残すと腐るから食べてしまうのである。誰が独りで食べるためにまめまめしく働き、あれこれ考えて料理するであろうか。ご馳走にあずかろうと思えば、賑やかな都市の寺に座り込めばいい。

山に入って真っ先に私は食卓を作った。部屋の中でバリ（木製の僧侶の食器）をひろげ供養（食事）をしようとすれば、何度も出たり入ったりする面倒くささがついてまわった。台所で食事をしようとすると食卓が必要だった。古い板ぎれを集めて調理台としても使えるよう食卓を作り、椅子は楢《なら》の薪で間に合わせた。こんな食卓に座って食事をしようとしたら、ふと「パピヨン」の境遇が思い浮かび「パピヨンの食卓」と名前をつけた。果てしなく脱出を繰り返す男、予期しない抑圧の監獄から脱け出そうとする彼は数限りない試みを通して自分自身の存在を確認しようとしていたが……。

私のパピヨンの食卓の前にはこんなことが書いてある。「食事は簡単明瞭に」いわば私の庵の台所訓である。山僧の生活で簡単明瞭なものが台所だけではないが、少なくとも食べることにだけでも煩わされたくなくて落書きしておいたもの。たまにおかずの数が多い食卓に向かうことがあると、考えがぼやけて食欲を失うようになるのが私たち僧の食性だ。

友だち等は私の簡単明瞭な「食事」を見て健康を思いやってくれるが、健康とは必ずしも食べるものだけで作られるものではないということを私は知っている。智異山でひと冬を何の副食もなしにただ塩と醬油だけで、それも一日に一食だけ食べながら健康に過ごした経歴を私は持っている。名が修道僧と言う分際で食べるものは全部食べて、眠りたいだけ眠ってどうして修行すると言えるであろうか。私たちのような部類たちには、今の食事でもありがたく分際を越えたものである。

寒くなると台所に入るのがおっくうだ。こんな私の立場を気づかって海印寺にいるある道伴が食事の準備をしてくれる供養主を一人よこしてくれると言ったが、食べることだけでなく暮らすことも簡単明瞭に暮らしたかったのでせっかくの好意を遠慮してしまった。

（一九七七年）

直立歩行

今日は用事があって町中《まちなか》に出かけていった。山から一番近い都市と言うのが百四十里離れた光州（クァンジュ：全羅南道の中心地、現在は直轄市）市。いつものように、世間は騒音と埃を巻き上げながら慌しく動いていた。郵便局で用事を済まし、帰りがけに市場でおかずの材料を少し買って、雪の中で履く裏毛がついた靴も一足選んで買った。そして、化粧品店が目についたので荒れた手に塗る薬も一つ買った。帰る道では、バスの時間がうまく合わなくて同じ方向に行くバスに乗って途中で降り、後は三十里（一里は約三九三メートル）の道を歩いて帰ってきた。

農閑期のガランとした田畑がひろがる初冬の野道を、肩で風をきって歩いていると、バスの中でうっとうしかった頭もスッキリして気分が爽やかにふくらんだ。歩行とは如何に自由で主体的な動作であろうか。明るい日差しを全身に受けて爽やかな空気を胸いっぱい吸って軽やかにとぶように歩くということは、本当に愉快なことだ。歩行はどこにも頼ることなく自分で自分の力で歩いていくことである。

興にのると口笛を吹くこともできるし、山紫水明の地に到ると歩みを止め、美しい景色を通して目を肥やすこともできる。道連れがいなくても寂しくない。気心が知れない道連れはかえって負担になるから。少しもの足りなく感じたとしても、それはさすらい人の重みのようなものだから。一人で歩いていると考えに熱中できて良い。今まで生きてきた痕跡を振り返って、これから越えていかなければならない人生の峠を推し量る。

人間が思惟をするようになったのは、良く分からないが歩行から始まったことではなかろうか。一カ所に留まって考えると同じ考えの中をぐるぐる巡ったり妄想に取りつかれやすいが、歩きながらあれこれ思案すると物事が詰まることなくスラスラと解決できて深さと重みを増すことができる。カントやベートーベンの場合を引用するまでもなく、偉大な哲人や芸術家たちが楽しんで散策の道に出かけたのも、考えてみれば歩くことで創造力を引き出すことができるためであろう。

しかし、私たちはいつの間にか忘れてしまっている。このように堂々たる直立歩行の挙動を。人間だけが享受できるこの気品があり重みのある姿勢を。言うまでもなく自動車という交通手段が発達しながら、私たちは歩みを少しずつ奪われてしまった。そして、考えることの自由も徐々に剥奪されていっているわけである。混んでいる車の中では、緊張をゆるめることができないためきちんと考えることができない。名前も名字も知らない身体に押されゆられ浮き上がっていなければならない。

そして、運転手と車掌が共謀して続けざまに鳴らす騒音装置のため私たちは脳みそを空っぽにしなければならない。車が吹き出す煤煙の毒素については言ってみたところで愚痴にすぎないから黙っている。ある都市では出退勤の時間には我先にと急ぐあまりに幼い生徒たちを踏み付け、殺している。便利な交通手段というのがこんなものであろうか。便利だと言うだけ私たちは何か貴重なものを失っていっている。

三十里の道を歩いて帰りながら、この広い天地でこの体一つ、身を寄せるところを求めて歩いているのだなと思ったら、鳥や獣、そして昆虫に至るまでその帰巣への道を妨害してはならないという思いがした。彼等も、それぞれ自分たちが身を寄せるところを求めて一生懸命生きているから。

私は、今日バスがなくて歩いてきたことを有り難く幸いに思う。私が私の道を私の足で踏みながら直立歩行することができたから。

思い出した。いつか読んだ或る詩人の文章を。

「現代人は自動車を見たとたん一目惚れしてそれと結婚した。そして、牧歌的世界に戻ってこられなくなってしまった」

（一九七七年）

あまりにもひどすぎる

人間が寿命を全うしてこの世との因縁が切れると、彼が存在していたという唯一の証拠として冷たくなった肉体を残す。魂が抜けてしまった肉体を指して、語感は悪いが屍体と呼ぶ。肉体を魂の家であるとか影とか、いかにもそれらしい表現をしているが、平素はそんなことは思いもしない。いざ、私たちのそばから誰かが離れていった時、改めてその言葉を実感することができる。

中味が抜けてしまったからっぽの殻は、それが父母兄弟のものであるとはいえ足手まといになるだけのもの。死の前で悲しみながらもひきのばすことなく葬式をし終えなければならない理由がここにあるのだ。この最後の黒い儀式もまた各種様々だ。その費用さえなくて悲しみが倍増する人がいると思えば、豪華で盛大な儀式を通して富と権勢を心ゆくまでひけらかす部類の人たちもいる。

仏教の修行者たちは、最後に残ったその「証拠」を隠滅するのに非情だと言えるほど徹底している。火葬をして残った遺骨まで粉にして撒き散らしてしまう。生きているときも粗末にしていた肉体を、死んでまで虐待している。本来無一物であることをそのまま具現しようというのである。ある禅師は彼の臨終のことばでこのように頼んでいる。

「施主の土地に埋めずに燃やしてなくしてしまいなさい」

何も持たず暮らした彼が死んだ後、もしかして誰かの世話になったり、他人の土地に迷惑をかけたりしないように灰にしてまいてしまってくれとの頼みなのである。また、ある僧たちは同僚の僧たちに迷惑をかけ厄介をかけることを心配し、山の奥深いところに自ら火葬をする木を準備し火をつけてその上に座って死んでいくこともある。数年前にもあったことであるが、ある老僧は石を抱えて海に飛び込み殻を脱いでしまった。これを水葬と言うが、残った肉体を魚たちに布施するためである。

こんな方法が単に修行僧にだけあることではない。篤い仏教信者であった日本のある皇后は自分が死んだら火葬にしたり土葬にしたりしないで野辺に捨てて、いっときであっても飢えた獣の餌にでもなるようにしてくれと遺言を残した。

修行者なら宗派を問う事なく、その清貧を見習わなければならないアシジの聖フランシスコ。この聖人は臨終が近づいた時、服を脱がせて裸で地面に寝かせて死なせてくれと院長に幼子のように駄々をこねた。そしてこんな言葉を残した。

「もうすぐ私の肉体は埃と灰以外の何物でもないものになるでしょう」

少し前、ある月刊紙で豪華墳墓の画報を見て私は少なからず衝撃を受けた。生存中の豪華住宅では物足らず、豪華幽宅をしつらえたのであろうか。冷房施設が整った墓地があるかと思えば、外国製の大理石を輸入し装飾したというのもあった。また、あるものはプール場までこしらえて石像物の展示場のように見える墓地もあった。その中で安らかに眠りにつくように作ってあるのだろうが、良心のある魂ならどうしてそんな処で安らかに眠ることができるであろうか。

近頃、良く生じている聖域化の波にのって、子孫たちに厄介をかけることなく、自ら前もって準備しておこうという心づかいなのか。そういえば、この頃は僧侶たちまでが時の流れにのって塔だけでは足りず以前には見られなかった石像まで作って建てるありさまなので、他人のことをとやかく言える立場でもないが。
あまりにもひどすぎる。空っぽになった魂のぬけ殻なのに、あまりにもひどすぎる。

（一九七七年）

蚊の話

日増しに暑くなり、禅室の中が少し窮屈になる。数日前から表と裏の戸をパッと開けておいた。そこはかとない森の匂いにのって、郭公の鳴き声が微かに聞こえてくる。時々蝶々が飛び込んでくるし、蜜蜂も壁と天井にぶつかりながらブンブンいっている。小鳥たちは何気なく部屋に入ってきて自分の羽音に驚いて逃げていく。これらがすべて山の仲間たち。私たちはみんな一緒に楽しく暮らしている。

ところが、今日心にもなく殺生をしてしまった。さっきから蜜蜂が一匹部屋の中に入ってきてブンブン飛んでいた。目の前でしきりに行ったり来たりしながらうるさくするので「こいつめ、出ていけ」と、竹篦《ちくひ》（参禅者の眠りを戒めるために使う平たい竹の棒）

を振り回したらポトリと落ち、その場で死んでしまった。私は殺生に至るなんて思いもよらず何気なく振り回しただけなのに、蜂は直撃を受けて命を失ってしまったのである。一日中気分がすぐれなかった。生きようとこの世に出てきて、それも山の中に遊びに来て叩かれ死ぬことになったとは何と可哀想なことであろうか。

人間の命が蠅よりもっと軽いこの頃なのに、昆虫一匹死んだぐらいで何をゴチャゴチャ大げさにと言うかもしれないが、それはどこまでも人間の立場から言うことだ。昆虫の立場から見れば、たった一つの命をそれらしい理由もなしに無念にも奪われてしまったのではないか。人間と動物がそれぞれの業によってその現象は違うとは言え、生きようとする生命それ自体は少しも違うところはない。一方が弱いからと言って死ななければならないというものではない。仮に、立場を変えて人間よりもっと狡猾な力の強い獣が彼の食欲を満足させるために、またはその手グセのために私たちのかわいい子供たちを奪っていったと考えてみるとどうであろう。私たちはどれほど悔しく恨みに思うことであろうか。

命はいかなる手段にもしてはならない。それ自体が完全な目的であるためだ。それはたった一つしかない絶対の価値なのである。だから、どんな名分であっても生きようとする生命を害するとか苦しめることは、悪徳の中でも一番悪い悪徳なのである。生命を含めたすべての存在は、お互いに持ちつ持たれつして生きている。果てしなく与えたり与えられたりしながら、宇宙の秩序と調和を成しているのである。

昔、修道僧たちはわらじを荒く編んで履いたという。道を歩いていて踏まれる生きものたちの被害を少なくするためである。夏期僧家の安居制度も、行脚による虫たちの犠牲を防ごうと言うところに原初的な意図があった。慈悲とは、人間同士だけでなくすべての生物に及ぶ人間の愛を指している。生命を絶対視する伝統的な東洋の思想である。

昨年の夏、ある老僧から蚊に関する話を聞いて、たとえそれが寓話であるとしてもその真実性に頭が下がる思いがしたことがある。日暮れ時になり姑の蚊が外出する時、嫁の蚊に次のように頼み事をした。

「これこれ、私の御飯は準備しないようにしなさい」

嫁は不思議に思って、

「どうしてですか。お義母さん」

と尋ねた。姑は遠い山を眺めながら力なく答えた。

「心の優しい人に会えば充分に食べさせてもらえるし、悪辣な奴に会えば叩き殺されるから私の御飯は準備しなくてもいいよ」

耳元でブーンという神経にさわる蚊の声が聞こえる時、それを振り払おうと手をサッとあげて、ふと悪辣な奴に会ったら叩き殺されるであろうといったあの姑の蚊の言葉を思い出して手を下ろしたりした。心の優しい人になれなくても、どうして悪辣な奴になれるであろうか。


（一九七七年）

日日是好日

生きるということは似たり寄ったりの繰り返しのように思われる。一日三食を食べることと、寝て起きるという動作もそうであり、出退勤の規則的な時間観念の中で今日が去り明日が来る。時には人を愛し、人を憎みながら、または、後悔をして新しい決心をしながら生きている。毎日が同じ日のような惰性の沼であがきながら始めも終わりもなく流されていく。

このような反復だけが人生のすべてなら、私たちは与えられた残りの歳月を返納してでも途中で飛び降りてしまうであろう。しかし、内側を注意してよく探ってみると決して毎日が同じ日であるわけがない。今日の私は昨日の私ではない。また、明日の私は今日の私がそのままつながっていくものではない。人は幸いにもその場にじっと置かれている家具ではなく、座っている場だけでぐるぐる回るように作られた時計の針でもない。果てしなく変わりながら生成されるのが生命の現象であるならば、個人の意志や努力如何によってその人生はかなり変えることができる。

雲門禅師が、十五日の法会で弟子たちに話した。

「十五日以前については何も聞かないでおこう。十五日以後について一言話してみなさい」

一度過ぎ去ってしまった過去については何も聞かないから、その代わりこれからどう生きていくか考えてみようと言う話なのである。数人の顔を見回したが誰一人唖のように黙り込んで口を開く者はいなかった。とうとう禅師は自分自身が答えるしかなかった。

「日日是好日」——毎日が良い日である。

一日一日があってもなくても同じだというそんなくだらない日ではなく、新しい日であるということ。徹底した自覚と創造的な努力によって繰り返し生まれるので、瞬間瞬間がいつも新しいのである。惰性の沼であがいている人は一日二十四時間、時間に使われてばかりいる。しかし、与えられた人生が自分に何を要求しているのかをいつも自覚する人は、その二十四時間を自分の意志で使うことが出来る。一方はズルズル引っ張られていく人生であり、他方は堂々と自分の人生を築き上げていくのである。

人それぞれが違う顔と声を持っているということは、何を意味しているのであろうか。私たちはいろんな人が寄り添って生きているこの世の中で、自分自身の創造的な特性を実現させ宇宙の調和を成し遂げるよう招待された旅人たち。どんなに偉大な存在とはいえイエスが二人も必要でないように、全く同じ釈迦牟尼も必要ではない。個性と機能が各自違う人格同士の調和が必要なのである。だから人はそれぞれこの世の中では新しい存在である。このような人間の特性と機能を無視して独りよがりに押しまくっていこうとする利己心や主義主張があるとしたら、それは人類史を反転させる反時代的な横車に過ぎない。

私たちの周りにはいろいろな苦痛が満ちあふれているのに、どうして毎日が良い日でありえようか。そのために、そうだ、そのために苦痛の中で人生の意味を探さなくてはならない。人は挑戦を受けてそれを克服しようとする意志的な努力をすることに人生の意味が与えられるものだ。毎日を良い日にしようとすれば、矛盾と葛藤の中で人生の意味を掘り出さなければならない。一日一日を自分の人生ではないように扱い、どうにでもなれといい加減に過ごすのではなく、自分の人生を新しく大切にして過ごさなければならない。繰り返される凡俗な日常を創造的に深化させるところに好日は作られるものであるからだ。

（一九七七年）

空っぽの庭

茶来軒で暮らしていた時である。庭には何本かのバラの花が咲いて、淡々としていた私の日常に光と香りを与えてくれた。朝露を含んで咲いたばかりの花と面した時、言葉に詰まって目と耳が朦朧とした。言い尽くせない美しさの前で戦慄を感じていたそんな時節だった。

バラのとげに刺されたところがこじれ、ずっと不安になりながら病院を尋ね回ったのもちょうどその頃だった。美しさの中にもとげがあったのである。何もとげだけではなかった。根切り虫と油虫がいつもこの美しい花を苦しめた。

寺で仕事をしている労働者がある日、噴霧器を背負って野菜畑に来るのを見て、バラにも油虫の薬を少しまいてくれと頼んだ。外出して戻ってみると葉がしなしなとしおれていた。薬をあまりにも濃くしてそうなったのかと思っていたが、明くる日は葉が黒く枯れて落ちてしまった。心根はとても優しいのだが、頭を使わないチョさんが除草剤をまいたためであった。ベトナム戦争であんなに生い茂っていたジャングルも枯れさせてしまった枯葉剤を、戦場でもない花壇に使ったのである。美しさが絞殺されるのをこの目で見守りながら不憫な思いをしていた。世話をしてやったものに対する痛みであった。内出血のような痛み。

そのことがあってから、私の庭では決して花を植えないことにした。バラのそばで風雅に咲いていた唐撫子の花も、株ごと抜いて本寺に植えかえたほどだ。このようにして私は空っぽの庭を持つようになった。空っぽの庭を眺める時、私の心の奥の庭では乾いた風が起こった。それは何も入っていない空っぽの瓶《かめ》（ハンアリ：大小様々ある。キムチや醤油やみそなどをつけておく陶器）に向かっている時のように物足りないながらも満ち足りた、そんな感じであった。

山に戻ってからも私は花のようなものは植えないことにしていた。窓の外に芭蕉でも植えて夏の日差しを遮ろうと心に決めていた。しかし、ここに居所を決める前から周りに月見草があちらこちらに自生しているのに気づいていた。今は、その月見草が夏になれば庭全体に群がって咲き、一度に数えきれないほどの花が眺められるようになった。六月のある日の朝、庭に出ると霧が深くかかっていた。チラッと見たら霧の中に黄色い蝶々が数匹月見草の葉の上にくっついていた。どうして黄色い蝶々がいるのかなと思ってじっくりと見てみたら昨夜初めて咲いた花であった。

月見草は夕方に咲く。夕方礼拝を終えて庭に出ると、ざわざわとあちこちで花が開く。透明な色を見ているとその魂までハッキリと見えるようである。夕顔のように夕方に咲く花であるためか、哀れな思いがする。一人で咲いているのが哀れで、夏の間中私は夕やみが迫っている庭でよくそぞろ歩きをした。その花たちがなかったとしたら、夏の私の庭は索漠たるものであっただろうと言う思いをおそまきながらした。

乾いた風が吹いてきたら花たちはやつれた茎に種を残したまま姿を隠していった。今朝、最後の花を採り入れてあげた。

今はもう空っぽになってしまった庭、どこからかフルートの音色が聞こえてくるようだ。しばらくするとこの空っぽの庭にも枯れ葉が舞い散るであろう。夏の間中咲いていたその花たちの魂は、今はどこで何をしているであろうか。森を吹き抜ける風の音に目が覚めると、その花たちの消息が気にかかる。こんなことを通して、秋は一歩一歩私の心の庭に近づいている。

（一九七七年）

声なき声

誰かが訪ねてこない限り、一日中私は口をきくことがない。そうだからと言って、今更寂しいとか手持ちぶさただと思うわけでもない。ただ満ち足りていて淡々としているだけである。独りでいると私の耳が開くため多くのものが聞こえる。鳥の声を聞き、風の音を聞き、ウサギや鹿がカサコソと音を立てて通りすぎていくのを聞く。花が開く音を、しぼむ音を、散る音を、そしてたまには歳月が峠を越えてため息をつく声を聞く。だから聞くということは、即ち、私の内なる庭を覗いてみることだ。

あまり親しくない人たちと会って話をした後は、何とも言えないほど虚しさを感じてしまう。喉の奥いっぱいに満ちていた澄んだ言葉が、どこかへ漏れていってしまったような感じがする。昨年の夏にも麓の寺に降りていって修練をしている学生たちを相手に数時間喋ったら、帰る道でとても虚しさを感じ後悔したことがあった。声に出して話をするより聞くことの方がどんなに賢明な振舞であるか改めて確かめることができた。

ミヒャエル・エンデの童話『モモ』にはこんな文章が出てくる。村の人たちは何か事件が起こると廃虚になってしまっている円形劇場に孤児の少女であるモモを訪ねていく。彼等はすべてのことをその少女にさらけ出す。ただ、彼等の話に耳を傾けてくれるだけなのに、さすらっている人は定着を、軟弱な人は勇気を持つようになり、不幸な人と虐げられた人たちは信念と喜びを感じるようになる。彼等はそうすることによって自分自身に目を向けたのだった。

今日、私たちは話になろうとなるまいとさらけ出してしまうことが好きだ。そうしながらも他人の話には落ち着いて耳を傾けようとはしない。

みんな気が短かくて他人の話なんて聞いていられないのである。大人と言わず子供と言わず、テレビの前に座っている時のようにおとなしく黙って聞くことができない。

耳を傾けて聞くということは、沈黙を身につけることでもある。沈黙は今更言うまでもなく自分の内面の海である。

言葉、真実な言葉は内面の海で育つ。自分の言語が持てなくて他人の言葉ばかりを必死になって真似している今日の私たちは何であろうか。

星が（どんな事物であってもかまわないと思うが）私たちにしてくれた話を友だちに伝えようとすれば、必要な言葉が先ず私たちの中で育たなければならない。つまり、待つと言う忍耐がなければならないということである。

また、モモの話。

「種子のように待つことなんだよ。芽が出るまで土の中でじっと埋もれて眠っている種子のように」

現代人は待つ時間がないという。しかし、実は時間がないのではなくその時間を適切に使うことを知らないのである。バスを待ちながら、タクシーを捕まえるために列を作りながら、その時間を有効に使うことができずいつも無駄にしてしまっている。自分の生命の瞬間を滅茶苦茶にばらまいている。それなのに口癖のように、「時間がないので」「そんな暇がなくて」と言う。

時間の主催者ホラー博士がモモに聞かせた話。

「時間は真の所有者の元を離れると死んだ時間になってしまうだ。どうしてかというとすべての人が各自それぞれの時間を持っているからなんだ。それでこれが本当に自分の時間である時にだけその時間は生命を持つことになるということなんだ」

開いている耳は聞くであろう。いっとき生い茂っていたものが見捨てられてしまったこの秋のガランとした野辺で、果てしなく押し寄せてくる声なき声を。自分の時間の花たちを。


（一九七七年）

小窓多明

現代の私たちは自分自身をしっかり持っていられる時間がほとんどない。自分を取り戻そうとすれば落ち着いて一人でいる時間が必要なのであるが、それだけの時間が外的な要件でも許されないが、私たち自らがそれに耐え忍べなくて飛び出してしまう。何かに頼らなければ崩れてしまうほど現代人は「脊髄」が曲がってしまっているのであろうか。

人は、もちろん社会的な存在であるから一人でいるわけにはいかない。そのため、時には自分を見つめるために一人でいる時間が必要なのではなかろうか。あんなこと、こんなことに気を取られ、雑事に追われているといつの間にか自分を見失ってしまう。日常的な凡俗に便乗して漂流している、と中味の自分は萎んでしまって剝製にされた殻だけが残ると言うわけである。

一人でいる時間は本来の自分に戻れる機会である。裸の自分と向かい合うことの出来る唯一の契機である。一日一日を自分がどのように過ごしているかを映してみることの出来る鏡の前である。そして、自分の魂の重みがどれだけなのか計ってみることの出来るそんな時間でもある。しかし、私たちは外部の光と声と匂いと味とそして感触にだけ関心を注ぎ、あの心の底から鳴り響いてくる本当の自分の声は聞いていない。

車の中や家で聞いてもいないのにラジオをつけているのは、それだけ私たちが外部の音に中毒になってしまっているためであろう。私たちはぎっしりと詰まったスケジュールに追い掛けられながら生きている。余白やゆとりは少しもない。時間に追われ、お金に追われ、仕事に追われながらあたふたと生きているのである。いつも何かに追われてばかり生きてきたので、もう追われなくてもよい場合でも落ち着かないまま、追われる何かを探している。

今日、私たちには虚《きょ》が欲しい。ちょっとした空間が恋しいというわけである。仕事、品物、家、人間を問わずあまりにもぎっしりと詰まっている処で暮らしているために、少し余裕のある、何かが足りないような空間が欲しくなるのである。

この頃、新興住宅地の前を通り過ぎていると考えさせられるところが多い。どうせ五、六人しか一緒に住まない家であろうに、この核家族時代にどうしてあんなに豪勢に家を建てているのであろうか。自分の分際もわきまえないで、他人がそのように建てるので一緒につられて建てているのだろうか。もちろん、そんな中にはお金を持て余している成金がドルとか韓国銀行券をどう使っていいか分からず、札束を家に張り付けている人も少なくないかもしれない。しかし、一定の収入しかない月給取りたちもそんな真似をしているようなので、その経済構造は不可解なものである。

いつか新聞を見ると、隣りの国では三百部しか売れなかった『ブルタニカ百科事典』が大韓民国ではその数百倍が売れたという。その本のほとんどが新しく建てられた邸宅の応接間（書斎でなく）に置かれていたという。全くその旺盛な読書熱には頭の下がる思いがする。

また、いっときその百科事典のケースだけを数千セット作って売り、とても儲けたという話を聞いた。こんなナンセンスはいくらでもあるような気がする。家は他の人と同じように大きく建てたものの維持費が足りなくて、寒い冬に部屋の中で厚いオーバーを着て過ごしている人たちを私は知っている。ムードのために筵《むしろ》をかぶっているカッコウだと言おうか。

いつか若い建築家の友だちに会って苦情のまじった話をしたことがある。

「君、庶民の子として外国にまで行って勉強してきた「方」が、他の国の真似をしたそんな豪華版の邸宅だけ建てるのが精一杯なのかい。庶民たちがわが国の風土と生活感情に合わせて住むことのできる心のこもった家を何軒か設計してみたことがあるのかい」

もちろん、その友だちのせいだけではないということは分かっているが、そんな愚痴を並べ立ててしまったのである。不正腐敗の要因はこんな住宅にも構造的に敷かれているようだ。邸宅の維持費を一度想像してみれば良い。

昨年の年末艸丁（チョジョン）詩伯の美術展を観に行った時、私の足を釘付けにしたのは「小窓多明　使我久坐」という字であった。秋史（チュサ：金正喜、一七八六〜一八

五六、文臣であり文人、書芸家）のこの句がとても気に入り、その場を離れがたかった。小さな窓が明るくて私を其処に長居させたとは、如何にゆったりとしていて心暖まる言葉であろうか。このような浄福の雰囲気は、虚勢で飾られた邸宅のようなところでは決して享受できないものである。縁側の松風の音と庭に降る雨の音を聞くことができる、そしてある程度のすきま風も入ってくるそんな家でこそ味わうことのできる静閑なのであろう。

こんな家が仲よく集まって暮らしている町は人情も厚いであろう。しかし、この頃は鋭い「団地」の風で居心地よく和やかな町が次々と無くなっている。寂しいことだ。

（一九七五年）

知識の限界

知識は時たま私を疲れさせる。有識者たちとしばらくの間話し合っていると、残るのは疲れだけ。もちろん、教えられることも多いし、新しく知識を得たり何かが分かるようになることもなくはないが、碩学誰がしの学説と理論が具体的に私の生活に大きな助けになるとは思えない。

単語の連結構造である理論が、時々私たちを全然根拠のない現実性のない谷間に引き込んでいく。複雑で屈折作用の多い知識であればあるほど目を覚してくれるどころか、かえって心の目を暗くしてしまう。それは直感の視野を防ぎ創意力を埋めてしまうからである。実体験のない空虚な灰色の理論はなかなか信じられない。

真理とは単純で素朴なところにあるものだ。したがって、理解させようとすれば単純な言葉で話さなければならない。しかし、真理を語るのにどうして複雑な思弁が必要なのであろうか。言葉ではとうてい到達することができないのが真理の世界であるのに。限定された尺度で無限の世界を計ろうとするところに知識の傲慢さと盲点があるのである。

九世紀の中葉、中国に徳山という学僧がいた。彼はすべての経典に明るい当時の碩学であった。その中でも『金剛経』に通じていて、それを楽しみ講説し注釈していたので、彼を「周金剛」とまで呼んでいた。周は彼の俗性であった。その頃、陽子江の南の地方では禅風が吹きまくっていた。ある日、徳山は考えた。経典には無量劫を磨いてこそ成仏すると言っているのに、この頃南の地方の無学な者たちが「成仏への道は真の品性を捜して心の深層に向うことである」と言っているが、私が彼等をウンとも言えないようにしてやる。彼はその日のうちに旅支度をして出発した。

数日後、路上で昼食の時間になり餅屋に入っていった。餅で腹ごしらえをしようと思ったのである。

「その背負い袋にぎっしりと入っているのは何ですか」

と餅屋の婆さんが尋ねた。彼は意気揚々として、

「『金剛経』の注釈書だ」

と答えた。婆さんは、また、言葉を継いだ。

「『金剛経』には過去の心も探せないし、現在の心も探せないし、未来の心も探せないといっていますが、お坊さまはどんな心で点心をなさいますか」

徳山はこの問いに言葉が詰まってしまった。『金剛経』に関しては自信満々だった彼が、田舎の婆さんのこの一言に詰まってしまったのである。彼は身の周りにある知識にだけ依存していたあまり、智恵の世界を知らなかったのである。彼は婆さんの勧めで、ある一人の高僧を訪ねて竜潭寺という寺に行った。

その寺に到着すると、

「竜潭の評判を久しく聞いていたが、来てみたら竜もいないし池もないのか」

と、相変わらず大きな口をたたいた。この時、つぎはぎだらけの衣をひっかけた老僧が現れて、

「ほほう、君は本当に竜潭に来たのか」

と言ったのを聞いて、また、彼は言葉に詰まってしまった。

その日の夜、老僧の部屋で法談を交し合ってから客室から出てこようとしたら外が暗くなっていた。老僧がろうそくに火をつけて差し出した。彼が受け取ろうとしたら、ふっと息を吹いて火を消してしまった。この時、徳山はしっかと覚った。明くる日、彼はそれまで命のように大切に背負っていた『金剛経』の注釈書をすべて燃やしてしまった。文字それ自体に過ちがあるのではないが、文字にだまされてきた自分自身を燃やしてしまいたい心境であったのであろう。

人間同士はこうして結ばれる。知識によってではなく、智恵によって強く強く結ばれるのである。

（一九七三年）

暗黙の約束

日々の暮らしが複雑でせちがらくなればなるほど、名前も名称も覚えられないほどの多くの法律があふれ出て私たちを縛り付ける。人が生きていく上でこんなに多くの規制がなければならないかどうかよく分からない。次々に厳しい法律が制定公布されると世の中が平穏になると思われるが、かえって騒がしく凶悪な犯罪が増えていっているのを見るとそうでもないようだ。

国が腐敗すればするほど、これに比例して法律が増えていくと言ったタキトスの言葉は頷けるものである。数多くのその法によってどれほど多くの非法的な行為が勝手気ままに行われているか、私たちは知っている。今日、私たちは法なくして豊かに暮らしていた昔の人たちが羨ましい限りである。

山道を歩いていると分かれ道で、道を間違えないように石とか枝で標をつけてあるのをよく見かける。分かれ道に立った人たちには、それがどんなに有り難い道標であるか分かるはずである。言葉や文字を使わなくても、後から来る人たちに正しい道を示しているのである。その表示は私たちを規制するどころか嬉しくさせ、感謝の念を持たせる。約束もこのように人間的な信義に元を置くときそれは神聖なものである。

いつか恩師である暁峰禅師から聞いた話である。禅師が若い頃、元気に南へ北へと雲水行脚をしている時のこと、ある庵には昔から暗黙の約束が伝えられてきていた。高い地帯であり人影が及ばないその庵では、禅僧たちは夏の季節を着実に精進することができた。十月には雪が降りはじめ明くる年の春になってからやっと止むので、十月の中旬になると下山を急がなくてはならない。

禅師が夏の安居のためその庵に辿り着いた時、空いた家に食糧と薪が積んであり裏庭に埋めてある瓶にはキムチがいっぱい入っていた。禅師はその夏、充分に食べ薪の心配をしないでよく過ごすことができた。秋になり下山するに先がけ、村に下りていって托鉢をして今までのように食糧とキムチを準備し薪を積んでおいた。何年かが経ってからまたそこに行ってみたら、誰かが住んでいた痕跡はあったが、やはり食糧と薪は相変わらず準備されていたとのことだ。

今日の私たちの耳には気の遠くなるほど昔の神話か苔の生えた伝説のように聞こえるが、その時代その庵ではいつからかは分からないがそんな家風が伝えられていたのである。

それは暗黙の約束であった。お互いに信じ頼り合おうとする人間的な信義からでてきた美しい習慣であるのだ。そこには、何の強制的なものもなく制裁もついてこなかった。そのため自発的に賢明な意思が作用していたのである。人が人を信じて頼ることほど美しいことが他にあるであろうか。人が同じ人間である他人を信じられなくて恐ろしがるということは、何とも言えない人間の悲劇であると言わざるを得ない。隣人同士恐ろしがり避ける風土ではどんなに約束を誓い厚く丈夫な紙に署名し捺印したとしても、あの暗黙の約束に及ぶことはない。

少し前、智異山への登攀《とうはん》の途中で海抜千七百メートルの高地にある人里離れた庵で泊ったことがあった。広くもない部屋の押し入れに鍵がかけてあるのを見て、苦々しい思いを消すことができなかった。この高峰頂上で盗られるものが何であって鍵をかけなければならなかったのかと思ったのである。多分、そこでは暗黙の約束が履行されていないようであった。

（一九七五年）

法頂論—仏教的な知性と現代的な愛—

いわゆる「職業随筆家」の列に決して加わらない法頂和尚は、しかし、今日の韓国の随筆文学において、次の二つの点で注目されるであろう。

まず、彼が僧侶でありながら多くの作品を発表しているというのがその第一である。詩においては釋智賢（ソクチヒョン）や、今は還俗している高銀（コウン）など数人の僧侶詩人がいる。そして批評では金雲學（キムウンハク）がいるが、随筆文学においては彼が唯一の存在であることを改めて思い起こさせるのである。これは単純な好事家の関心ではない。仏僧がする体験、彼らが探求する世界は、仏教文化が支配的な伝統として作用してきた韓国の人々にもっとも深く長い精神の偏りを築いてきた。一つの思想、その人生観と世界観をもっとも平易に明確に論理的に表す随筆文学で、今までに仏教人の参与がなかったということは、思想と文学にとって大きな損失であった。法頂和尚はその空間を埋めてくれているのだ。

そして、彼が仏僧であるということ以上にもっと重要な二つ目は、彼の作品の中でたやすく窺い知ることのできる彼の随筆精神である。多分、それには細心の注意が必要であろう。「随筆」文学は私たちにとって、周知のごとく字の意味そのまま聴川（中国の文人。「随筆」という言葉を初めて使用）の言ったように「筆のおもむくまま」というものとして規定されてきた。聴川の真意がどこにあろうと、この言葉が「エッセー文学」をとても無責任なものにしているのは事実である。言い換えれば、随筆は筆の向くまま、考えの浮かぶまま、言葉がつながっていくままに書かれるのが本意と考えられてきたのである。それは我が国（韓国）の随筆文学を少女趣味の感傷的な告白、何かの折に偶然に出くわした事件の経験談、または、専門的な職種を持った人の散文的な報告に堕落させたのである。

もちろん、こんな文章が「随筆」でないという訳ではないが、デカルトの『方法論』

からカミュの『シジフォスの神話』が「エッセー」であるという点に思い到る時、こんな類いの文章がその思想や言語においてどれほど随筆精神に背いているか推し量ることができる。随筆は、社会と人生に対する高度に洗練された知的洞察の表現の一つである。

この二つの観点は、結果的には法頂和尚の仏教的な知性を尊重するものでもある。事実、人間的な面での法頂和尚を知っている人たちは、彼がまさに剃髪して袈裟を身につけてはいるが、彼の顔は禅僧の容姿と言うよりは鋭利な知識人の顔であるという意見に一致をみるであろう。これは何も彼の印象だけではない。彼が種々の仏事に参与している仏教人として、仏教界を代表する唯一の抵抗的な知識人として活躍してきたし、そのため少なからぬ受難があったこともよく知られているところである。

彼は韓国の仏教自体の堕落を攻撃したし、さらには韓国社会の中の不正に対して批判してきた。仏教の内と外で後継者としての良心の叫びを忘れなかった。これは韓国の仏教史千六百年の間、仏教が護国信仰を除外した現実参与の例が大変少なかったという事実を考慮する時、仏教的な現実観の改造のため意気を奮い立たせる兆しでもある。入山俗離して壁に向かって座禅するのが得道の真髄であろうか。そうかもしれない。しかし萬海（僧侶で独立運動家、本名は韓奉浣。一般に知られている龍雲は僧名。詩人でもある）の存在が新たに思い起こされ私たちに重くのしかかってきている現在、仏教人の現実的な覚醒と実践的な行動は決して度外視できない命題になっているのである。法頂和尚自らが、「みんなが一緒に生きているこの社会が、今どこへどのように動いていようとおかまいなしに超越しようとする宗教人がいたとしたら、彼が属している宗教は現場の外で凋れて死んでしまうであろう」と警告しながら、「この時代の仏教徒たちが南無阿弥陀仏を口でだけ唱え、身をもってその教えを実践しない時、路地の中の子供たちからだけでなく数多くの大衆から投げられる石つぶてにどのようにして耐えられるか」（『南無阿弥陀仏』）と叫んでいる。

ここで彼は「石つぶて」とキリスト教の用語を使っているが、彼の時に短く、時に長い多くの文章は彼の感受性と思想の根拠が仏教学にとどまっていないことを見せてくれる。例えば、カミュが引用され、ベートーベンが鑑賞され、ガンジーから教訓を得、ワーズワースが愛誦され、マックスミラーの言葉が回想され、揚げ句には聖書を通してキリスト教と仏教の真理がお互いに違わないことを立証している。この指摘は、彼が博学であるとか西欧文明に傾倒しているということを言うのではないことはもちろん、仏教自体が知性に反しているということを決して言っているのではない。それは彼が一つの事物、または事件を眺め、その意味を追求するに及び、仏教とかキリスト教とか、どちら側にも偏らないでいることを意味しているのである。

健康な知性とは多分こんな思考類型を指すのであろう。法頂和尚は僧衣をつけて映画を見るのを少しも恥ずかしいと思わず、人間が月に着陸しても少しも驚異的に感じない。彼は自由に考え、明快に解剖していく。

彼の随筆集『魂の母音』（一九七三年刊）全編にくまなく見られる次の二つの精神的特徴は、彼が西洋的な意味での知性人であることを傍証してくれる。つまり、『魂の母音』の中には、彼が僧侶であるにもかかわらず、「色即是空」とか、「虚無」のような仏教言語がほとんど見られず、その代わりに「魂」とか「根源」という語彙が強力な説得力を持っているという点である。もう一つは、如来の「慈悲」が彼には西欧的な「愛」の語感として潤色されていて、それはサン・テグジュペリの『星の王子様』に対する猛烈な傾斜を呼び起こしているということである。彼がこの本を自分に紹介してくれた人を「一生忘れられない有り難い友」と言って感謝し、三十数冊を知人に贈り、この本に感動を受けない人とはこれ以上交際できないとまで熱愛しているということは、『星の王子様』の愛が、キリスト教的な伝統の産物である点と連結させる時、尋常の僧侶でないことを示唆している。

彼の知性がどこから生まれ出てきたかはさておき、法頂和尚にとっていちばん卓越したものは、何と言ってもソウルの近代化の欠陥を皮肉る「早く来過ぎてしまったな」とか、都市の騒音から脱出するため仏国寺行きの高速バスに乗ったが、ひっきりなしに鳴り続けるカセットの流行歌のため、かえって「騒音旅行」になってしまったという嘆息に始まり、開花する様子から「一大事件」を発見する「純粋な矛盾」に至るまで、事物と事件の対象を反対側から再検討するアイロニー精神なのである。彼は盾を見ながらそれに穴を開ける矛を思い、矛を見ながらそれを防ぐ盾を予想する。

沈黙を背景としない言語は事実騒音と何の変わりもない……（中略）……私たちの

魂を揺り動かす言葉は、荘重な音楽のように沈黙から出てきて沈黙へと去ってい
く。

（「雨が降る」の章より）

激しい風雨にビクともしなかった一抱えを越す木々が、ガッシリとたくましくかた
くなに突っ立っていたそれらの松の木々が、雪が降り積もるとあえなく折れてしま
う。枝の端々にふわふわと降り積もるその白い雪で折れてしまうのである。夜が更
けるとあの村里、この村里で木々の折れる音がこだましてひびいてくる時、私は眠
りに就けなくなる。ガッシリと丈夫な木々が柔らかい物にくじけてしまう、その意
味のせいなのであろうか。山はひと冬を越すと、病み上がりの顔のようにゲッソリ
としてしまう。

（「雪害木」の章より）

世界に対する矛盾した認識は弁証的な思考の出発であり、最も鋭利な知性の能力であ
るはずだ。彼の多くの現実的、宗教的、言語的な批判は、この矛盾の把握から作用され
る。それ故、彼が「無所有」の章の中で、

私たちは必要に迫られていろいろな物を持つようになるが、時には、その物のため
にあれこれと心をわずらわすことになる。つまり、何かを持つということは、一方

では何かに囚われるということになる。

という時、それは現実的な教訓のように思われる。しかし、蘭の花にとりつかれ、それに頑なに執着してしまった時、目に入れても痛くないほどかわいがっていたその蘭の花を、友だちにあげてしまってサッパリとした解放感を味わって、「一日に一つずつ捨てなければならない」と決心しながら、

たくさん捨てる人だけがたくさん得ることができるという言葉がある。……（中略）……何も持たない時、初めてこの世のすべてを持つようになるというのは、無所有のもう一つの意味である。

の結論を得るが、ここに至って、彼が矛盾の宗教的な覚醒の次元に昇華していることを私たちは悟るようになる。事実、彼の作品は仏教自体を主題にしたものが多く、そうでなくとも仏教的な語彙が頻繁に使われているのがわかる。

しかし、もっと注目されることは、彼にとって重要なモチーフとして使われている「矛盾」、または、「逆理」の思想の根底には仏教の世界観が深く敷かれているという点である。彼の思想が西欧の精神で相当浸潤されていて、「慈悲」より「愛」をもっと美

しく愛しているにもかかわらず、「許すということは、他人に施す慈悲心というよりは、散り散りに崩れようとする自分自身を、自らが整えて収めていくことではないかと思うのである」(「置き時計の逸話」の章より)と、自分自身の反省ないし確認を常に忘れず、「読むということは何であろうか。ほかの声を通して、自分自身の根源的な声を聞くことなのではなかろうか」(「その夏読んだ本」の章より)と言いながら、内的な対話を強調するのは仏教の得道観を現代の言語で表現したのに違いない。その上、蒸し暑い夏の日に『華厳経』を読みながら、便所から不快な臭いが漂ってくる時、「私の体の中にも自家用の便所があるではないか、人間の良心の腐る臭いよりはましではないか」と、我慢をして、「一切唯心所造」と考え直すのは仏教的諦観、極度の唯心主義の一つの世俗的な片鱗に過ぎない。

このように見る時、法頂和尚のエッセー精神は、深山幽谷の仏心、古色燦爛とした仏教信仰を今日の現実、絶え間無く愛と憎悪の思想から葛藤を起こすこの世界に引っ張り出したものなのである。彼は伝統信仰からほとんど絶縁した現代の思想市場に、新しい服を着せた仏教の精神を引っ張り出した布教師でもある。彼の随筆は大部分短く、日常の断想ないし世俗雑事に関する随感であるが、私たちに大切なのは、この片鱗を通して新しく見つけ出す仏教の現代的な姿である。彼を通して見られる仏教は諦観と逃避、超俗と虚無のそれでなく、諸事に参与し苦しみながらも批判し愛する仏教の姿である。それはこの世界を放棄するのではなく、驚異をもって臨み自分の生の拡大として体得しようとする積極的な姿勢なのである。寺の庭に咲いたケシの花を見て感じた次のような情緒は、この世界のいちばん内密な部分に通じる愛を見せてくれている。

それは驚異だった。一つの発見だった。……（中略）……美しさとはおののきであり、喜びであるという事実を身をもって感じたのである。

（「純粋な矛盾」の章より）

金　炳翼（文学評論家）

訳者あとがき

私たちの周りは物質で満ちあふれ、人間関係までが物質によって結ばれている感がなくもない。何事も目に見えるものでしか考えられなくなっているこの時代に、「無所有」を主張し、目に見えない世界の大切さを強調している法頂和尚の著書『無所有』は、発行された一九七六年から二十五年たった現在に至るまで韓国でロングセラーを続けている。飽きることなく物を追い求め続けているこの殺伐とした世の中で、「無所有」を主題にした和尚の著書が読み続けられているということを思う時、砂漠で水気をなくしていた体が泉に出合い生気を取り戻したような思いがする。まさに、『無所有』は現代の「泉」だと言えるであろう。

法頂和尚にお目にかかることになったきっかけは、柳宗悦の「茶道論」の韓国語訳の仕事を通してである。訳者はかねがね柳宗悦の著書を韓国に是非とも紹介したいと考えていた。丁度翻訳の依頼があり、迷うことなく柳宗悦の作品を選んだ。日本育ちの訳者が柳宗悦の意図をより正確に韓国の読者に伝えることは、想像以上に大変なことであった。一字一句韓国国文学の専攻者たちに聞き回っては検討に検討を重ねた。かなり時間もかかり覚悟していた以上の苦労をした。その拙い訳書が幸運にも和尚の目に止まったのである。実は、日本語に堪能な和尚はすでに原書でずっと以前に読んでおられた。

最初にお目にかかった時にうかがった「茶道論」の中でも「茶偈」についてのお話、柳宗悦の美学に関するお話は今も感動深く印象に残っている。和尚は宗教は言うまでもなく、文学、音楽、哲学などあらゆる分野において造詣が深く、その知識の深さ、広さには和尚の著作物を通して万人の知るところである。特に「茶」に関しての博識さは、驚嘆の域である。初茶が出ると韓国の茶製造を手がけている業者は和尚に茶を送り、茶の出来具合について意見を求める。茶器をつくる陶工も、和尚に細部にわたって指導をあおいでいる。和尚は手先がとても器用でいらっしゃって、身近な茶道具は自らお作りになる。作られた道具類は何の気取りもなく素朴で、単純で自然のままである。自然をこよなく愛し自然の中で暮らしながら、周りのすべてのものを大切に、そのままの姿で受け入れ、出来るだけ手を加えようとなさらない姿勢にはいつも感服する。

訳者が帰国してからいつも傍らに置き愛読していた本の中でも、『無所有』は一番上におかれていた。急速な経済成長を遂げながら物質本位に社会が動いていく中で、祖国に誇りを持ち夢を持って帰国した訳者を力づけ励ましてくれたのが『無所有』であった。世の中が経済成長を前面に打ち出し多くのものを所有することが良いことのように見える中で、『無所有』は祖国にはまだ心のゆとりと良心を失わずに暮らしている人たちがいることを信じさせてくれた。和尚に初めてお目にかかった時、我知らず翻訳をさせていただきたいと口走ってしまった。えらいことを言ってしまったと赤面したが、和尚はいとも簡単に承諾してくださった。その後からは責任の重大さを感じ、また、日本語を自由自在に駆使される和尚の翻訳となると冷汗ものであった。和尚自ら校正もしてくださり、かなりの部分で厳しい指摘をしてくださった。

本書は題が『無所有』となっているが、和尚の著書の中の『無所有』と、『立っている人』の中から和尚に直接選んでいただいて十篇を載せた。『立っている人』は和尚が手ずから建てられた仏日庵で書かれた作品である。出来る限り本文に忠実に、可能な限り著者の意図からはずれないように細心の注意はしたが、そのままではぎこちない部分もあったので編集者と相談の上、手を加えたところもある。また、固有名詞や地名などは出来る限り言語の発音に近いように表記し、説明が必要と思われる部分には訳者の註を付けた。

翻訳にあたって、和尚直接のご指摘はより正確に読者に伝達することに大きな助けとなったと思う。また、最後の段階で老母の看護で動揺している訳者を励まし、夜を徹して校正をしてくださった旧友黒部紘子さんの物心両面からのご協力に心から感謝の意を表したい。そして、いつも黙って訳者の仕事を見守ってくれる夫と息子、娘にも感謝したい。

出版に際しては勝手なお願いを度々快く聞き入れてくださり、気長に出版まで後押ししてくださった今東成人社長に厚くお礼申し上げたい。

最後に私事に亘るけれども、若くして日本に渡りありとあらゆる苦しみに耐え訳者を育ててくれた亡き母にこの本を捧げるものとすることをお許しいただきたい。

二〇〇一年七月

者のみならずすべての市民の精神修養の道場にし、「吉祥寺」として建てなおし弟子の僧に運営を任せ時々山から下りてきて講話をしている。

エッセイストとしてよく知られている和尚の文章は、純粋で筆致が流麗であるという定評がある。大苑閣の持ち主も和尚のエッセイを読んで愛読者になった。1976年に出した随筆集『無所有』は、中学校の教科書の中にも採用され、現在に至るまで毎年ベストセラーの座を下りていない。『無所有』『立っている人』『水の音、風の音』『山房閑談』『鳥たちが去ってしまった森は寂寞としている』『今まさにその時、山に花が咲くとき』『山の庵からの手紙』などの随筆集は幅広い読者層に読まれている。韓国津々浦々の本屋の店頭にはレジの所に必ず置かれている。

法頂和尚のプロフィール

法頂和尚は一生を山で寂然不動の姿勢で清く美しく暮らしてきた。第三共和国の反体制運動に加担した時以外は、彼は山を離れなかった。八年越しに、彼は今、電気も施設されていない江原道ファジョンにある小さな村、火田民が住んでいた空き家を借りて、一人で薪を拾い、畑を耕しながら、清貧の道を求め清く美しい生を実践しながら暮らしている。和尚の三十年を越える沈黙と無所有の徹底した精神は、この時代に最も純粋な精神として讃えられている。

当代の名僧暁峰大和尚の下で二十四歳の時出家した。出家すべく家を出る時、心に決めた「何にも囚われないで自由人として生きる」という発心を和尚はずっと守り続けている。何にも囚われない中でできる秩序、自由と秩序が調和する「生」を追求している。和尚は「仏教的」であるという観念からも抜け出したいと思っている。和尚の実践的な公案は「無所有」である。和尚自身が翻訳した『法句経』の教えどおり、もともと自分のものはないと信じる和尚は、ほとんど唯一の所有物である書籍さえも「囚われる」と思われた時はすぐ他人にあげてしまう。

ハングル大蔵経の訳経委員、仏教新聞主筆、松広寺修練院長を歴任した後、1970年代後半にそのすべてを振り払って松広寺の裏山に自分の手で仏日庵を建て一人で暮らした。しかし、和尚の名声を聞き訪ねてくる人が跡を絶たなくなると、随想集『すべてを捨てて去る』を書いた後、ひっそりと江原道の山奥に入り、居所を隠し現在に至っている。

和尚は宗教家としての社会浄化に対する責任を感じ、「清く美しく生きる運動」を繰り広げている。ソウルの都心に位置し、料亭政治のメッカと言われていた大苑閣を「絶対に和尚にお布施したい」という持ち主の強力な申し出を受けて、仏教信

訳者
金　順姫（キム　スンヒ）
大阪市に生まれる。関西学院大学文学部卒業、韓国外国語大学大学院にて修士、博士課程終了。東洋大学にて、『源氏物語研究』で博士学位取得。韓国外国語大学通訳翻訳大学院講師を経て、現在ソウル大学語学研究所講師。専攻が『源氏物語』の関係上、日本においては国文学研究資料館にて「明石一族にみられる血の誇り」の論文発表、東方学会が主催する国際東方学者会議にて「平安女流文学における時間の観念―源氏物語における時間―」や「日本文学における末法思想―物語文学に見られる末法思想―」を主題にしたパネルディスカッションをするなどの活動をする。韓国においては、東方比較文学会を中心にして日本古典文学の紹介をかねて平安朝文学に焦点を合わせて発表活動をしている。至文堂の『国文学解釈と観賞』に数度論文発表。
著書に『源氏物語研究―明石一族をめぐって―』（三弥井書店）、『茶道と日本の美』（『柳宗悦茶道論集』の韓国語訳、翰林新書）、他論文多数。

無所有　新装版

2001年9月20日　初版第1刷発行
2018年6月20日　新装第1刷発行

著　者――法　頂

訳　者――金　順姫

発行者――稲川博久

発行所――東方出版㈱
〒543-0062　大阪市天王寺区逢阪2-3-2
Tel.06-6779-9571　Fax.06-6779-9573

装　丁――濱崎実幸

印刷所――亜細亜印刷㈱

落丁・乱丁はおとりかえいたします。　ISBN978-4-86249-332-3